高校・大学等における

進路指導・就職支援マニュアル

改訂版　　渡部昌平

大学教育出版

改訂にあたり

　本書は、教育関係者の方のために、もと労働関係者である筆者が「生徒・学生の就職のための方策」を執筆したものです。このため、場合によっては「教育現場を知らない」という面もあるかもしれません。他方、教育関係者の方が詳しく知らない労働関係情報を提供できるという面があると信じています。本書のタイトルに「進路指導」が入っているのは、教育関係者の方に読んでいただきたいからです。

　就職・就職観は一人ひとり違います。一人ひとりに対応した進路指導・就職支援が必要なことは、誰もが知っていることです。ではどうするか。

　そこが「難しい」ところです。本書では、こうした悩みを持たれている進路指導の先生・就職担当者の方のために、**場合分けをして**どう対応すればよいか、ということを解説してみました。

　文部科学省の「キャリア教育の推進に関する総合的調査研究協力者会議報告書～児童・生徒一人ひとりの勤労観、職業観を育てるために～」（平成 16 年 1 月 28 日）で、資料として「職業観・勤労観を育む学習プログラム－職業的（進路発達）にかかわる諸能力の育成の観点から－」が示されています。これは非常に良い資料だと思いますが、「では何をどうすればよいのか」ということは結局、個々の先生に任されています。本書では「では何をどうすればよいのか」を**具体的に**述べてみたいと思います。

　また、就職とは結局、「本人の意思」が重要なことは間違いありません。ただ、**その本人に情報がなければ**何の決定できませんから**情報収集の手助け**をし、誤った決定をしているようならば**一緒に調べて**情報の修正をし、悩んでいるようならば心理的なフォローアップをしながら**アドバイスを与える**、そして結局は**本人の意思で**（納得の上で）適職を選ぶ、という道を進まなければなりません。「押しつけられた」と本人が思っている限り、いつ離職するか分からないからです。

表　職業観・勤労観を育む学習プログラムの枠組み（例）

			小　　学　　校		
			低　学　年	中　学　年	高　学　年
職業的（進路）発達の段階			進路の探索・選択にかかる基盤形成の時期		
○職業的（進路）発達課題（小～高等学校段階） 各発達段階において達成しておくべき課題を、進路・職業の選択能力及び将来の職業人として必要な資質の形成という側面から捉えたもの。			・自己及び他者への積極的関心の形成・発展 ・身のまわりの仕事や環境への関心・意欲の向上 ・夢や希望、憧れる自己イメージの獲得 ・勤労を重んじ目標に向かって努力する態度の形成		
職業的（進路）発達にかかわる諸能力			職　業　的　（　進　路　）　発　達		
領域	領域説明	能力説明			
人間関係形成能力	他者の個性を尊重し、自己の個性を発揮しながら、様々な人々とコミュニケーションを図り、協力・共同してものごとに取り組む。	【自他の理解能力】 　自己理解を深め、他者の多様な個性を理解し、互いに認め合うことを大切にして行動していく能力	・自分の好きなことや嫌いなことをはっきり言う。 ・友達と仲良く遊び、助け合う。 ・お世話になった人などに感謝し親切にする。	・自分のよいところを見つける。 ・友達のよいところを認め、励まし合う。 ・自分の生活を支えている人に感謝する。	・自分の長所や欠点に気付き、自分らしさを発揮する。 ・話し合いなどに積極的に参加し、自分と異なる意見も理解しようとする。
		【コミュニケーション能力】 　多様な集団・組織の中で、コミュニケーションや豊かな人間関係を築きながら、自己の成長を果たしていく能力	・あいさつや返事をする。 ・「ありがとう」や「ごめんなさい」を言う。 ・自分の考えをみんなの前で話す。	・自分の意見や気持ちをわかりやすく表現する。 ・友達の気持ちや考えを理解しようとする。 ・友達と協力して、学習や活動に取り組む。	・思いやりの気持つを持ち、相手の立場に立って考え行動しようとする。 ・異年齢集団の活動に進んで参加し、役割と責任を果たそうとする。
情報活用能力	学ぶこと・働くことの意義や役割及びその多様性を理解し、幅広く情報を活用して、自己の進路や生き方の選択に生かす。	【情報収集・探索能力】 　進路や職業等に関する様々な情報を収集・探索するとともに、必要な情報を選択・活用し、自己の進路や生き方を考えていく能力	・身近で働く人々の様子が分かり、興味・関心を持つ。	・いろいろな職業や生き方があることが分かる。 ・分からないことを、図鑑などで調べたり、質問したりする。	・身近な産業・職業の様子や変化が分かる。 ・自分に必要な情報を探す。 ・気付いたこと、分かったことや個人・グループでまとめたことを発表する。
		【職業理解能力】 　様々な体験等を通して、学校で学ぶことと社会・職業生活との関連や、今しなければならないことなどを理解していく能力	・係や当番等の活動に取り組み、それらの大切さが分かる。	・係や当番活動に積極的にかかわる。 ・働くことの楽しさが分かる。	・施設・職場見学等を通し、働くことの大切さや苦労が分かる。 ・学んだり体験したりしたことと、生活や職業との関連を考える。
将来設計能力	夢や希望を持って将来の生き方や生活を考え、社会の現実を踏まえながら、前向きに自己の将来を設計する。	【役割把握・認識能力】 　生活・仕事上の多様な役割や意義及びその関連等を理解し、自己の果たすべき役割等についての認識を深めていく能力	・家の手伝いや割り当てられた仕事・役割の必要性が分かる。	・互いの役割や役割分担の必要性が分かる。 ・日常の生活や学習と将来の生き方との関係に気付く。	・社会生活にはいろいろな役割があることやその大切さが分かる。 ・仕事における役割の関連性や変化に気付く。
		【計画実行能力】 　目標とすべき将来の生き方や進路を考え、それを実現するための進路計画を立て、実際の選択行動等で実行していく能力	・作業の準備や片づけをする。 ・決められた時間やきまりを守ろうとする。	・将来の夢や希望を持つ。 ・計画づくりの必要性に気付き、作業の手順が分かる。 ・学習等の計画を立てる。	・将来のことを考える大切さが分かる。 ・憧れとする職業を持ち、今、しなければならないことを考える。
意思決定能力	自らの意志と責任でより良い選択・決定を行うとともに、その過程での課題や葛藤に積極的に取り組み克服する。	【選択能力】 　様々な選択肢について比較検討したり、葛藤を克服したりして、主体的に判断し、自らにふさわしい選択・決定を行っていく能力	・自分の好きなもの、大切なものを持つ。 ・学校でしてよいことと悪いことがあることが分かる。	・自分のやりたいこと、よいと思うことなどを考え、進んで取り組む。 ・してはいけないことが分かり、自制する。	・係活動などで自分のやりたい係、やれそうな係を選ぶ。 ・教師や保護者に自分の悩みや葛藤を話す。
		【課題解決能力】 　意思決定に伴う責任を受け入れ、選択結果に適応するとともに、希望する進路の実現に向け、自ら課題を設定してその解決に取り組む能力	・自分のことは自分で行おうとする。	・自分の仕事に対して責任を感じ、最後までやり通そうとする。 ・自分の力で課題を解決しようと努力する。	・生活や学習上の課題を見つけ、自分の力で解決しようとする。 ・将来の夢や希望を持ち、実現を目指して努力しようとする。

改訂にあたり　3

── 職業的（進路）発達にかかわる諸能力の育成の視点から

中　学　校	高　等　学　校
現実的探索と暫定的選択の時期	現実的探索・試行と社会的移行準備の時期
・肯定的自己理解と自己有用感の獲得 ・興味・関心等に基づく職業観・勤労観の形成 ・進路計画の立案と暫定的選択 ・生き方や進路に関する現実的探索	・自己理解の深化と自己受容 ・選択基準としての職業観・勤労観の確立 ・将来設計の立案と社会的移行の準備 ・進路の現実吟味と試行的参加

を促すために育成することが期待される具体的な能力・態度

・自分の良さや個性が分かり、他者の良さや感情を理解し、尊重する。 ・自分の言動が相手や他者に及ぼす影響が分かる。 ・自分の悩みを話せる人を持つ。	・自己の職業的な能力・適性を理解し、それを受け入れて伸ばそうとする。 ・他者の価値観や個性のユニークさを理解し、それを受け入れる。 ・互いに支え合い分かり合える友人を得る。
・他者に配慮しながら、積極的に人間関係を築こうとする。 ・人間関係の大切さを理解し、コミュニケーションスキルの基礎を習得する。 ・リーダーとフォロアーの立場を理解し、チームを組んで互いに支え合いながら仕事をする。 ・新しい環境や人間関係に適応する。	・自己の思いや意見を適切に伝え、他者の意志等を的確に理解する。 ・異年齢の人や異性等、多様な他者と、場に応じた適切なコミュニケーションを図る。 ・リーダー・フォロアーシップを発揮して、相手の能力を引き出し、チームワークを高める。 ・新しい環境や人間関係を生かす。
・産業・経済等の変化に伴う職業や仕事の変化のあらましを理解する。 ・上級学校・学科等の種類や特徴及び職業に求められる資格や学習歴の概略が分かる。 ・生き方や進路に関する情報を、様々なメディアを通して調査・収集・整理し活用する。 ・必要に応じ、獲得した情報に創意工夫を加え、提示、発表、発信する。	・卒業後の進路や職業・産業の動向について、多面的・多角的に情報を集め検討する。 ・就職後の学習の機会や上級学校卒業時の就職等に関する情報を探索する。 ・職業生活における権利・義務や責任及び職業に就く手続き・方法などが分かる。 ・調べたことなどを自分の考えを交え、各種メディアを通して発表・発信する。
・将来の職業生活との関連の中で、今の学習の必要性や大切さを理解する。 ・体験等を通して、勤労の意義や働く人々の様々な思いが分かる。 ・係・委員会活動や職場体験等で得たことを、以後の学習や選択に生かす。	・就業等の社会参加や上級学校での学習等に関する探索的・試行的体験に取り組む。 ・社会規範やマナー等の必要性や意義を体験を通して理解し、習得する。 ・多様な職業観・勤労観を理解し、職業・勤労に対する理解・認識を深める。
・自分の役割やその進め方、よりよい集団活動のための役割分担やその方法等が分かる。 ・日常の生活や学習と将来の生き方との関係を理解する。 ・様々な職業の社会的役割や意義を理解し、自己の生き方を考える。	・学校・社会において自分の果たすべき役割を自覚し、積極的に役割を果たす。 ・ライフステージに応じた個人的・社会的役割や責任を理解する。 ・将来設計に基づいて、今取り組むべき学習や活動を理解する。
・将来の夢や職業を思い描き、自分にふさわしい職業や仕事への関心・意欲を高める。 ・進路計画を立てる意義や方法を理解し、自分の目指すべき将来を暫定的に計画する。 ・将来の進路希望に基づいて当面の目標を立て、その達成に向けて努力する。	・生きがい・やりがいがあり自己を生かせる生き方や進路を現実的に考える。 ・職業についての総合的・現実的な理解に基づいて将来を設計し、進路計画を立案する。 ・将来設計、進路計画の見直し再検討を行い、その実現に取り組む。
・自己の個性や興味・関心等に基づいて、よりよい選択をしようとする。 ・選択の意味や判断・決定の過程、結果には責任が伴うことなどを理解する。 ・教師や保護者と相談しながら、当面の進路を選択し、その結果を受け入れる。	・選択の基準となる自分なりの価値観、職業観・勤労観を持つ。 ・多様な選択肢の中から、自己の意志と責任で当面の進路や学習を主体的に選択する。 ・進路希望を実現するための諸条件や課題を理解し、実現可能性について検討する。 ・選択結果を受容し、決定に伴う責任を果たす。
・学習や進路選択の過程を振り返り、次の選択場面に生かす。 ・よりよい生活や学習、進路や生き方等を目指して自ら課題を見出していくことの大切さを理解する。 ・課題に積極的に取り組み、主体的に解決していこうとする。	・将来設計、進路希望の実現を目指して、課題を設定し、その解決に取り組む。 ・自分を生かし役割を果たしていく上での様々な課題とその解決策について検討する。 ・理想と現実との葛藤経験等を通し、様々な困難を克服するスキルを身につける。

4

　内閣府が 2005 年 6 月に公表した「青少年の社会的自立に関する意識調査」によれば、転職や退職を経験した青少年（15 〜 29 歳）は 49.4％と 2 人に 1 人に達しており、継続して同じ仕事を続けた期間の平均は約 2 年 3 か月、4 人に 1 人は初めての就職から 2 年以内に離職していました。また、仕事を辞めた理由は「仕事が合わない、つまらない」（26.0％）、「人間関係が良くない」（17.8％）などとなっています。ところが厚生労働省が 2003 年に公表した「若年者の職業生活に関する実態調査」によると、「仕事が合わない」として辞めた若い社員が、入社 1 年以内では 39.1％なのに対し入社 3 年以降では 12.2％に減少します。ちょっと我慢すれば継続できるようになる場合も多いのです（3 年目以降になると「会社に将来性がない」とか「キャリア形成の見込みがない」という理由での離職が増えます）。東京労働局の調査によると、多い年では卒業後 1 年以内に離職する高校生の実に 3 割以上が就職して 1 か月以内（4 月末まで）に辞めているという状況があります。

　生徒・学生が「自ら望んで職業に就き、長期的に継続する」ようにすることは**「待ったなしの現実」**なのです。

　基本的に、就職へ向かう心の流れは、次のようになろうかと思います。

本人から見た就職への流れ

① 　自分自身の興味や関心・性格を知る。

② 　自分自身の希望する仕事の傾向を知る。

③ 　具体的な職業を選択する（学校での具体的な支援はこの辺りから）。

④ 　就職活動の方法を理解し、実際に就職活動をする。

⑤ 　並行して、社会人としての自覚・あり方を学んでいく。

　　また、就職してからも、（将来の自分をイメージして）経験を積んだり資格をとったりしていく。キャリア形成のイメージを持ち続ける。

　ただし、進路指導の先生・就職担当者の方の場合、まずスタート部分は③の部分（「何の仕事に就きたいか」という面接・確認等）になるかと思います。面

接等の場で、意思がはっきりしていない生徒について、②「本人の希望」にさかのぼり①「本人の興味や関心、性格」にさかのぼる、という形で面接が流れていくのだと思います。

そこで本書では、まず第2章で③「職業の選択」を説明し、第3章で②「本人の希望の確認」、①「本人の興味や関心、性格の把握」について説明しようと思います。続いて、第4章は④「実際の就職活動」について、第5章で⑤「社会人としての自覚」と「就職後」について、第6章で参考として労働市場の現状について、第7章でキャリアカウンセリングについて、第8章で各校の就職支援のスケジュールや工夫について述べたいと思います。

参考として、進路指導の先生・就職担当者の方にありがちな誤解を、この「まえがき」の末尾につけておきます。本文を読んでいただければ理解していただけると思いますが、就職に至る「動機・知識・技術」を身につけるためには、時間がかかりますし、時間をかけなければならない、ということです。

是非、本書を読んで、今までとは異なる新たな方法論を、<u>生徒・学生ごとに個別に</u>検討していただければと思います。

2017年12月

著 者

コラム1：進路指導の先生・就職担当者の方にありがちな誤解

- 最終学年からが「就職活動」ではない。
  → 最終学年で適切な就職活動ができるように、<u>1・2年生の段階から「本人が検討する（できる）時間」</u>を確保しておく必要がある。
- 就職する生徒・学生だけが対象ではない。
  → <u>進学・留学する生徒も「やがては就職」</u>する。将来の就職を意識した進学指導（＝学部・学科選択）が必要。
- 生徒・学生時代にアルバイトに精を出す生徒は、社会人意識が高まり、教師の評価も一般に高い（「あいつなら社会でもやっていける」）が、実はフリーターになりやすい。
  → 将来の目的を持たないアルバイトは、結局のところ「就職意識の向上」には役立たない。
- 職場見学もインターンシップも非常によい勉強だが、職場見学やインターンシップそれ自体が目的になってしまってはならない。
  → 結局は、いかに<u>生徒個人個人に「仕事（職業）」を「自分の問題として」認識させるか</u>、ということにかかっており、目的を持たないインターンシップは「単なるイベントへの参加」に終わりかねない。
- 偏差値で進学先が決まっても、偏差値で会社や職業が決まるわけではない。
  → 会社や職業は違ったモノサシでの選択が必要。これは就職担当者が認識するだけでなく、生徒・学生にも伝える必要がある。
- 先生や担当者が心理検査や職業興味検査に習熟する必要はない。
  → それこそまさに専門家に聞いたり任せたりすればよい話で、先生や担当者は生徒・学生とのふれあい・意見交換を中心として「生徒・学生が考える」時間や動機を提供できればよい（詳しくてはいけない、という話ではなくて、詳しくなるためにかかる時間を別のことに充てられるのではないか、という話です）。

高校・大学等における
進路指導・就職支援マニュアル　改訂版

目　次

改訂にあたり …………………………………………………………… 1

第1章　就職指導の役割とあり方―なぜ就職か、どう選択させるか― …… 15

1.　就職指導担当者の最終目標について　*15*

2.　「働くことの意味」について、生徒・学生が考える時間をつくる　*17*

3.　就職に関する「動機・知識・技術」をつける方法　*17*

　　(1)　高校生の場合　*18*

　　(2)　大学生等の場合　*27*

　　(3)　その他の学校（専門学校や短大等）の場合　*31*

第2章　職業選択の方法 ……………………………………………… *32*

1.　職業選択のための情報源　*32*

　　(1)　職業カードソート　*32*

　　(2)　VPI 職業興味検査　*33*

　　(3)　OHBY カード　*34*

　　(4)　新しいやり方　*34*

2.　自発的に職業選択をするには　*36*

　　(1)　自分は何の仕事がしたいのか、なぜその仕事か　*36*

　　(2)　先輩、ハローワーク、先生、就職担当者のアドバイス　*39*

　　(3)　インターンシップ、アルバイト、職場見学（工場見学）　*40*

　　(4)　就職セミナー（合同企業説明会）主に大学向け　*41*

　　(5)　職種を決めるか業種を決めるか　*41*

　　(6)　業界・企業・職業に対する勉強・調査　*42*

　　(7)　職業を選択する観点　*43*

　　(8)　職業選択を人に話してみる　*43*

　　(9)　先輩の就職先や学校に来た求人のチェック（特に高校生の場合）　*44*

　　(10)　職種を狭めすぎない　*44*

目 次 *9*

第3章 自分自身を知る ……………………………………………………… *46*

1. 自分と社会との接点　*46*

　　(1) ウォーミングアップ　*46*

　　(2) まずは第1歩から　*46*

　　(3) 親の仕事　*47*

　　(4) アルバイト　*47*

　　(5) 趣味　*47*

　　(6) 映画や本、テレビやインターネットなどの情報　*47*

　　(7) 専攻　*47*

　　(8) 学校生活　*48*

　　(9) 今までの人生で出会った人からの影響　*48*

　　(10) インターンシップ（職場経験）　*48*

　　(11) 職場見学・工場見学等　*48*

　　(12) フェルドマンの「キャリアアンカー」の考え方　*48*

2. 自分の性格と傾向　*49*

　　(1) ウォーミングアップ　*49*

　　(2) 自分とは何か（自分の嗜好は）　*50*

　　(3) 自分と他人の違いを書き出してみよう　*50*

　　(4) 性格カードソート　*50*

　　(5) 高校・大学に進学した理由、現在の学校・学問を選択した理由　*51*

　　(6) そのままの自分と、変わるべき自分　*52*

第4章 就職活動の準備と実際 ………………………………………………… *55*

1. 準備と心構え　*55*

　　(1) 準備はいつから始めるべきか　*55*

　　(2) 就職希望業種・職種の研究　*56*

　　(3) 企業の研究　*56*

　　(4) 企業が重視する能力（日本経団連の調査）　*57*

　　(5) 大学・大学院での専門教育・学位の評価について　*57*

（6） 就職活動では「自分を思い切り褒める」　58

2.　就職活動の情報収集　58

　（1）　公的機関、民間機関の活用　58

　（2）　友人との情報交換　59

　（3）　セミナー、ダブルスクール、資格取得　60

　（4）　OB・OG訪問は積極的に　62

　（5）　資料請求・説明会は、早めに・積極的に（大学生向け）　63

　（6）　就職活動（面接）で知り合った友人（ライバル）もよい情報源（大学生向け）

　　　　　　　　　　　　　　　　　　　　　　　　　　　　　　　　63

3.　履歴書・エントリーシートの書き方と送り方　64

4.　面接　65

　（1）　挨拶は丁寧に、大きな声ではっきりと　65

　（2）　面接技術　65

　（3）　自分で想定問答をつくる場合は厳しく　69

　（4）　志望動機はその会社ごとに的確に、相手に分かりやすく　69

　（5）　自分が企業の担当者を面接する気持ちで　70

　（6）　時間には早めに到着、質問は積極的に　70

　（7）　面接官への返答の前に一呼吸おくと、余裕が持てる　70

　（8）　沈黙は厳禁　71

　（9）　面接の失敗を分析しよう　71

　（10）　企業人事を事前に研究するのも方法　71

　（11）　企業の面接担当者の意見　72

　（12）　公正な採用選考　72

5.　人的ネットワークの獲得　72

6.　採用のルール　73

　（1）　高校卒業者に対する採用のルール　73

　（2）　大学等卒業者に対する採用のルール　76

目　次　*11*

第 5 章　就職後について ……………………………………………… *87*

1. 入社後　*87*

    (1) 基本　*87*

    (2) 社会人としての自覚を持つ　*88*

    (3) 新人としての心構え　*88*

    (4) 「かわいげ」も必要　*89*

    (5) モチベーションを持ち続けること　*90*

    (6) 今の自分に自信がない生徒・学生は、「将来の自分をつくる」気持ちで　*90*

    (7) 「尊敬できる」、「真似したい」先輩を見つける　*90*

    (8) 「仕事」と一口に言うけれど　*91*

    (9) 「仕事」と「生活（家庭）」のバランスは刻々と変わる　*91*

    (10) 仕事におけるその時々の「夢」を確認する　*91*

    (11) ファッションについて　*92*

    (12) 自分なりの「キャリアプラン」を作成する　*92*

    (13) 継続は力なり　*93*

    (14) 我慢の方法　*93*

    (15) 礼儀作法と自己主張　*94*

    (16) ストレスはどうやって判断するか　*95*

2. 職場での人間関係と対処法　*96*

    (1) 重要な人間関係　*96*

    (2) 互恵性について　*96*

    (3) 説得や批判では相手は動かない　*97*

    (4) リーダーを目指すもよし、リーダーに協力するもよし　*97*

    (5) 上司は「立て」て「使う」もの　*97*

    (6) 直属の上司だけでなく、その上の上司のことも考える　*98*

    (7) 自分なりの人脈を形成する　*98*

3. キャリアアップ（転職・退職）　*98*

    (1) 状況の変化と考え方の変化　*98*

    (2) キャリアアップの前に　*99*

12

- (3) キャリアアップについて　*99*
- (4) 転職のために　*101*
- (5) 転職は必ずしも「キャリアアップ」ではない　*101*
- (6) 「会社を辞めたい」と思ってもすぐに辞めるのではなく、誰かに相談を　*101*
- (7) 問題の解決は「二者択一」ではなく、第3の道がないか考える　*101*
- (8) 突然の首切り、労働条件などに問題のある会社は行政に相談も　*102*

第6章　現在の労働市場の状況について …………………………………… *103*

1. 新規学卒求人を取り巻く状況　*103*
   - (1) 新規学卒求人の現状　*103*
   - (2) 失業率（働きたいけれど働けない人の割合）　*104*
   - (3) 公共職業安定所の有効求人倍率（労働市場の仕事のあるなし）　*104*
   - (4) 自発的失業者と非自発的失業者　*105*
   - (5) 職業別就業者数　*105*
   - (6) 年齢別有効求人倍率　*106*
   - (7) 初任給状況　*107*
   - (8) 中途採用者採用時賃金情報　*107*
   - (9) 産業別、規模別の現金給与額　*109*
2. 中途採用者を取り巻く現状　*109*
   - (1) 求人の多い業種・職種　*109*
   - (2) 離職者の多い産業　*112*

第7章　キャリア・コンサルティング ……………………………………… *113*

1. キャリア・コンサルティングとは　*113*
2. 企業による再就職の斡旋　*114*
3. 就職後のキャリア・コンサルティング　*114*
4. 企業内でのキャリア・コンサルティング　*115*
5. 企業内と企業外のキャリア・コンサルティングの違い　*115*
6. 自分の実績を相手に伝わるように表現する　*116*

目　次　*13*

　7.　キャリア・コンサルティングの資格　*116*

第8章　就職活動支援の例 ……………………………………… *117*

　1.　中学校における工夫の例　*118*

　　　(1)　「職業新聞」　*118*

　　　(2)　校内ハローワーク　*118*

　2.　高等学校における工夫の例　*118*

　　　(1)　ガイダンス　*118*

　　　(2)　シミュレーション　*119*

　　　(3)　テーマを設定しての発表　*119*

　　　(4)　インターンシップ　*119*

　　　(5)　個別相談　*119*

　3.　大学における工夫の例　*120*

　　　(1)　授業等コース全般の工夫　*120*

　　　(2)　講義　*120*

　　　(3)　キャリア形成支援センター　*120*

　　　(4)　初年次ゼミの発足　*121*

　　　(5)　就職ガイダンス　*121*

　　　(6)　友人を通した働きかけ　*121*

　4.　多くの大学で実施されているプログラムの例　*122*

参考資料 ………………………………………………………… *125*

改訂　あとがき ………………………………………………… *153*

第 **1** 章

就職指導の役割とあり方—なぜ就職か、どう選択させるか—

1. 就職指導担当者の最終目標について

　高校の先生・大学の就職担当者としては、生徒・学生が「卒業前に就職先が決定している」ことが最終目標と考えがちです。

　しかし、そうではなくて、「<u>生徒・学生が、自ら職業を調べ、適職を選択し、そのための準備ができる動機・知識・技術を獲得する</u>」ことを最終目標としていただきたいのです。

　こうすれば、「仕方なく就職した」という層や早期離職の問題、フリーター・ニートの問題にも対応していけるのだと思うのです。また、将来、彼・彼女が離・転職する際にも、自分自身が生きられる道を自分自身で選ぶことができます。ですから、最初は「将来は何がしたいか」と問うことで、「就職への動機付け」をしていただく必要があります。そしてその次に、就職のための知識や技術を植え付ける必要があります。

　具体的に言えば、就職指導とは「<u>生徒・学生が自らの人生を設計する手助けをする</u>」ことになると言えます。若いうちから「人生設計」を考えている人は、必ずしも多くはありません。その理由は「大人になりたくない（大人が魅力的に見えない／責任をとりたくない）」「情報がない（または、あまりに情報が多すぎて選択できない）」「設計の仕方が分からない」「自分に自信がない」などいろいろとあるのだと思いますが、**就職指導で重要なのはその理由ではなく**、一般的に「<u>生徒・学生には動機・知識・技術が不足している者が多い</u>」という事実に注目していただく必要があります。

　一般的に、むしろ進歩的・人道的な先生・担当者の中には「進路は生徒・学

生の意思で決めるもので、第3者が介入すべきでない」という考え方の方もいらっしゃいます。生徒・学生に動機・知識・技術がそろっていればまったくそのとおりと思いますが、**決してそうではないから手助けする必要がある**のだと考えています。

　（財）企業活力研究所が2005年11月に公表した「ジョブカフェ・キャリアカウンセラー調査」によると、若者が働いていない最大の理由は「自信がない」「行動力不足」であり、全体的に能力より意識の問題であることが指摘されています。また、こうした若者の相談で多いのが「どうしていいか分からない」「自分の適性が分からない」「就職活動のやり方が分からない」「自信がない」ということなのだそうです。

　学校では「管理」という言葉を嫌う場合が多いかと思います。しかし、例えば企業の管理者は「職場の環境」「OJT ／ OFFJT などによる社員の教育訓練」「社員の職務状況」等を**管理して**、仕事の効率を最大限に高めようとし、社員は「仕事をどのくらい一生懸命するかの自由」「仕事のやり方の自由」「仕事の改善を提案する自由」等が与えられています。学校も同様ではないでしょうか。先生や担当者の方が「学ぶ環境」を整えて「教育」を実施し「出席・参加」を促す、生徒・学生は学業や行事に「どのくらい参加するか」「どうやって参加するか」「どう改善するか」の権利を持っている。進路（就職・進学）の決定については、生徒・学生側に具体的な情報も選択の方法も少ないので、先生や担当者が情報から考え方までを**「管理者」として責任を持って提供する義務**がある。そう考えてみてはいかがでしょうか。

　なお、最終目標を「卒業前の就職の決定」から転換するということは、就職活動前に目標を達成する生徒・学生もいるでしょうし、引きこもりの生徒・学生の場合には「卒業時点での就職」ではなくて、もう少し先の時点に目標を設定する必要があるなど、根本的な変化となります。もちろん就職担当者として「卒業前の就職の決定」の看板を下ろす必要はありませんが（引き続き努力を行っていただく必要はあるのでしょうが）、生徒・学生の頭や心の中が在学期間中に「就職準備完了」になるよう導いていただく役割が大きいのではないかと考えています。

2. 「働くことの意味」について、生徒・学生が考える時間をつくる

仕事には、
① 「経済性」（給料をもらって生活する：生活の維持）
② 「社会性」（社会での役割：社会への貢献）
③ 「自己実現性」（自分のしたいこと：個性の発揮）
という3つの側面があります。

2007年に東京商工会議所が行った「中堅・中小企業新入社員の意識調査」によれば、新入社員の考える働く目的は「社会人としての自立」「安定した収入の確保」「自己キャリアの開発」「自分の夢の実現」「専門的知識・技術等の取得」「社会への貢献」という順番でした。また仕事をする上で身につけたい能力は「対人対応力」「責任感」「創造力」「決断力」「コミュニケーション能力」という順番でした。

是非、授業等の中で、生徒・学生同士がディスカッションしたり他の生徒・学生の意見を聞いたりする場を設け、「働くこと」への意識を向上させるようにしてください。

なお、実際には就職1年目や2年目で「社会への貢献」や「自己実現」はなかなか果たせないこともまた事実です。夢多き就職活動期に夢をくじく必要はありませんが、<u>就職が決まった段階では</u>、そうした厳しい点もアドバイスする必要があるかと思います。

3. 就職に関する「動機・知識・技術」をつける方法

就職（職業）に関する「動機・知識・技術」をつける方法は、1つではないと思います。

具体的な方法は後述します（第8章の他校の「工夫」なども参考にしてください）が、工場見学や職場見学、インターンシップなどのほか、ハローワーク

の職員や民間の機関に依頼する「職業講話」や「セミナー」、生徒・学生自身による「職業研究」、いろいろとあると思います。こうした実際の体験や相手の話を聞く体験をさせながら、生徒・学生本人が自分の人生（職業生活）をイメージできているかどうかを、就職担当部門でその都度その都度確認していくことになるかと思います。就職部門（進路指導の先生や就職相談室など）で直接呼び出して面接する方法もあるでしょうし、担任（担当／ゼミ）の先生にやっていただくという方法もあるかと思います。

　なお、人生設計の支援ですから、やはり基本的に「本人の意思」が尊重されなければならないと思います（親の希望や親との相談というのも入ってくると思いますが）。例えば、本人が十分に情報を収集した上で「自分は結婚も子どもも不必要で、他の人よりも収入が低くても構わないし、自由な時間を十分につくってサーフィンやバンド活動をしながら面白可笑しく生活できれば構わないので、是非フリーター生活に突入したい」と納得していれば、それはそれで「彼なりの人生設計をした」ことになると思います。ただ実際には、途中で結婚したい人に出会ったり、他の人より収入が低いことが気になったり、いろいろなことが出てくるのだと思います。そのリスクを指摘した上で、「考えが変わった時点でまた相談においで」または「○○という機関（例えばハローワーク）があるので、就職したくなったら訪れてみろ」とアドバイスをしていただければよいのか、と思います。

　具体的な質問方法などについては、高校生・大学生等の別に分けて、以下に記載します。各学校／先生・担当者の実情に合わせて、適宜利用できる部分を利用してください。

(1)　高校生の場合

1)　最終目標

　最終目標は、「卒業時点で就職している」ではなくて、「生徒が自ら職業を調べ、適職を選択できる動機・知識・技術を獲得する」ということです。ですから、就職活動前に目標を達成する生徒もいるでしょうし、引きこもりの生徒のような場合には「卒業時点での就職」ではなくて、もう少し先の時点に目標を

第1章　就職指導の役割とあり方—なぜ就職か、どう選択させるか—　*19*

設定する必要があるかもしれません。例えば、そうした引きこもりの生徒を抱えている場合は、担当者として1人で抱え込まずに、「就職のための準備」をしてくれるNPO団体や公共機関（巻末の参考資料：**ジョブカフェサ、ポステ**を参照）につなぐという方法もあります。引きこもりの若者の集いに参加することによって、「彼もアルバイトをしているから、自分もしなければ」と思い始めて、まずはアルバイトから始めた、という例も出てきています（この章で後述）。

2）　意識の持たせ方

高校1、2年生の時期から、「どういった職業を選択するか」という意識を持たせるようにしてください。就職について悩む（考える）時間をとれるようにしてください。就職についてちゃんと悩まなかった生徒は、就職時期にうまく就職できない場合に、または定着できずに早期に離職した場合に、フリーター・ニートに流れるというデータがあります。

3）　進学する生徒に対して

大学等に進学をする生徒に対しても「卒業後には何の仕事をするかイメージした上で、進路を選択するように」ご指導ください。進学する生徒にも、「卒業後は何の仕事をするか」という質問をしてください。

また、できれば、前の学校（小・中学校）の先生にお会いになる機会があれば、「仕事そのものの勉強だけでなく、本人に将来の仕事や働き方を考えさせる授業（時間）を持ってほしい」とお願いしてください。

4）　就きたい職業が決まった生徒に対して

就きたい職業が（何であっても）決まった生徒については、「どうやったらその職業に就けるか」を調べるように宿題を出してください（先生や親御さんも調べるようにしてみてください）。

調べることによって、その仕事に実際に就ける可能性がどのくらいか理解することができ、「そのための方法」を知ろうという第2段階に進みます。この段階をできる限り高校3年生の夏前には済ませ、先生と生徒と親御さんでディスカッションするようにしてください。

例えば「イルカの調教師になりたい」という生徒がいた場合に、「どうすれ

ばイルカの調教師になれるか」と調べた結果、大手の水族館に就職する必要が
あり、採用は獣医系の大学や水産大学を出ている人が多いということが分か
る、というような場合が考えられると思います。それに応じて、自分の進路を
変える場合も出てくる（例えば進学）と思います。また、調べてみることに
よって、イルカの調教師の求人があまりにも少ないことが分かって、他の可能
性を並行して探す場合も出てくると思います。

　5)　就きたい職業が決まらない生徒に対して

　就きたい職業が決まらない生徒については、VPI（職業興味検査）などの標
準化された検査もあります。検査は絶対ではありませんが、「どんな職業が好
きか」を生徒と議論するきっかけになります。学校で実施していただいても結
構ですし、公共職業安定機関で無料で実施していますので、生徒が（または先
生が生徒と一緒に）そうした機関に行くという方法もあります。またこれまで
の部活や委員会など「好きだ、たこと」「頑張ったこと」から考える方法もあり
ます。検査等の方法については、第2章、第3章で詳しく述べます。

　6)　就きたい職業が高卒用求人にない場合

　就きたい職業が高卒用求人にない（または少ない）場合は、本人に対して、
労働市場についてアドバイスする必要も出てきます。例えば現在、高卒の「事
務職」求人は激減していますが、必ずしも事務職でなければならないわけでは
ないのに「みんなが希望しているから」「人気があるから」と、事務職を希望
する生徒も多くいます。こうした生徒に対しては、「事務職は最近厳しいが、
事務職ばかりでなく他の職種も検討してみてはどうか」と言う必要がある場合
もあるかと思います。労働市場に関する情報が入手できない場合は、遠慮なく
お近くのハローワークにお尋ねください。

　特に近年では、工業高校以外では高校での専攻と就職する職種との関連が薄
れつつあると言われています。生徒はどうしても自分に身近な職業や友人が希
望する職業に流されがちですが、長期に渡って辞めずに勤め続けるためには、
「人気のある仕事」ではなく「自分にできる仕事」「やりたい仕事」をはっきり
しておいた方がよい場合が多いと思います。

第1章　就職指導の役割とあり方―なぜ就職か、どう選択させるか―　*21*

7)　どのくらいこだわるべきか

なお、必ずしも「就きたい職業」「やりたい仕事」にこだわる必要はない、ということも理解する必要があります。「（仕事内容ではなく）残業の少ない仕事をして、家庭生活を充実させたい」という考え方もあります。

キャリアの設計は、職業人生だけでなく余暇や生活自体も関連してくる問題です。生徒の意思は尊重すべきですが、生徒が持っている職業・生活情報の知識は必ずしも多くないことから、安易な決定は注意しなければなりません。

また、近年では「自分に向く職業がきっとあるに違いない」という「適職信仰」が指摘されています。また「自分がやりたくないことなら就職することはない」という「やりたいこと志向」も指摘されています。こうした「適職信仰」や「やりたいこと志向」が就職を妨げ、離職を促進しているという指摘もあります。なお、ここで、生徒には職業に関する情報も経験も少ないことを理解する必要があります。

適職も、やりたいことも、特に仕事の経験のない若年層では、実際には「仕事をやりながら気がつく」という面が多くあります。そこを後押ししてあげるのも、進路指導の先生の役割だと思います。特に「やりたいことがはっきりしない」生徒については、時間をかけて心の中を解きほぐしていく作業が大切だと思います。

8)　受け身ではダメ

職業の未決定に最も大きな影響を及ぼすのは、「受身」の姿勢であるとの研究があります。「将来どうなるのかを今から計画する」「将来の仕事を今から考える」「将来のために今から行動を起こす」「将来のビジョンを持つ」「**自分で職業を決める**」ということについて、何度も口酸っぱくお話していただくのがよい、と思います。「動機づけ」が最初の関門です。

9)　高校時代のアルバイト

高校時代のアルバイトは、「礼儀作法の勉強」「社会勉強」という一面があり、よい側面もありますが、必ずしも「たくさんの職業を知る」ことにはつながらず、特に継続的に長時間のアルバイトをしている層は、卒業後にフリーターになる傾向があります。こうした「アルバイトをして社会の礼儀を知る生徒」

は、先生たちの評価も高い（「あいつはしっかりしている」「社会に出ても大丈夫だ」など）傾向がありますので、注意して目をかけてあげてください。アルバイトに精を出している生徒には必ず「将来は何になりたいか考える」という宿題を出してください。

　10)　資格の取得

　職業系の高校であるかないかにかかわらず、資格取得は積極的に勧めてください。近年、企業は即戦力を期待しています。また、資格取得が生徒自身の自信につながる場合もあり、面接等で好影響を与える場合もあります。

　11)　職業講話・インターンシップを行う前後に

　職業講話やインターンシップなど「職業情報の提供」はあくまで手段であり、最終目標ではありません。

　「動機・知識・技術」を高めることで、自発的に適職へと向かう「思考、（感情）、行動」を選択することができるようにする、ということが最終目標です。知識や技術も必要ですが、特に「動機づけ」に注意を払っていただく必要があると思います。

　このため、職業講話やインターンシップを行う前には「なぜこうしたことを行うのか」「これを行うことによってどういったことに気がつけるのか」といったことについてあらかじめ情報提供したり議論をし、行った後には「どういったことに気がついたか」「今度、気がついたことをどう生かせるか」ということを議論していただく必要があります。

　12)　フリーターについて

　フリーター（アルバイト）に進むこと自体が必ずしも悪いとは言えない場合もあり得ます。例えば、「バンド／ダンスを続けたいから」「専門学校・大学に行く学費を稼ぐため」「自営業（服屋・雑貨屋）を開業する資金を貯めるため」など、先生と生徒と親御さんとよく話しあう必要はあると思いますが、理由がある場合はフリーターに進むことを応援する場合も出てくると思います。地域に正社員の求人がない（または少ない）場合もあるでしょう。

　また、無理にその道を閉ざしてしまっても、就職してから「やっぱりこの道を目指したい」と早期離職につながる場合もあり得ます。親御さんの理解があ

るのであれば、例えば「3年間バンドをやって芽が出なかったら就職する」とか「コンテストで入賞できなかったら就職する」というように、期限を切って約束をするという方法もあり得ると思います。

もう1つの方法として、「趣味は趣味として、仕事とは別に考える」という方法もあります。例えば、社会人をしながらバンド活動をしている人もたくさんいます。趣味の音楽活動を仕事にすると、自分の好みでないこと（例えばロック好きなのに歌謡曲をやるなど）もやらなければならないことも多くなります。趣味である限りは、自分の好き勝手にできるという利点もあります。

13)　就職時期について

高卒求人が最初に充足する時期（9月頃）に就職が決まらなくとも、新たに求人の開拓（事業所への依頼）をすることによって、就職が決まる場合も当然あります。ハローワーク（公共職業安定所）でも、企業にお願いして大卒求人や中途採用求人を転用したりして協力しています。卒業する直前（また卒業後）でも方法はありますので、最後まで就職に向かって努力していきましょう。

特に、ハローワークの中途採用求人を転用する場合、企業側はすぐの採用を求めていますから、4月から就職するとすれば2〜3月の求人が主な転用対象になります。年が明けてからでも未内定の生徒に連絡をとって、ハローワークを訪れてみたり地域にお願いをしてみたりすると、就職に結びつく場合もあります（実際にそうした例は数多くあります）。

また、いわゆる求人情報がハローワークや求人情報誌、新聞など出ていなくとも「出そうと思っていた」「頼まれたら検討してもいい」というような潜在的な求人もあります。縁故（コネ）も含め、いろいろな手段で求人を探すことをお勧めします。

14)　ニートについて

学校に途中から行けなくなってしまった、不登校や引きこもりのような場合には、すぐに「就職」するというよりも、就職までの準備時間を十分に準備する必要がある場合もあります。例えば、フリースクールにしばらく通いながらフリースクールに来ている他の生徒がアルバイトをしているのを見ながら「自分も働かなければ」と**自分から考えるのを待つ**必要があるかもしれませんし、

場合によっては精神が安定するまで休みながら（または薬を飲みながら）待つ必要があるかもしれませんし、それは個人個人でまったく異なると思います（すぐに働ける人もいるでしょう）。

「いつから」「どうやって」という基準は非常に難しい問題ですが、関係者や専門家（前の学校の先生やハローワークの職員、NPO関係者など）と連携をとりながら、本人が引き続きどこかで誰かと関わり続けている、という状態を保つようにすることが望まれます。先生1人が抱えるべき問題ではありません。

15)　是非ハローワークと連携を

普通高校などほとんどの生徒が進学する高校、また進路多様校では、就職指導も大変だと思います。これら高校だけでなく、専門系の高校でも、進路指導の先生（進路指導主事の先生も含めて）が1人で抱え込まずに、近くの学校の進路指導の先生・ハローワーク・地方自治体・心理相談の専門家など、ネットワークをつくって対応すると、先生にとっても生徒にとってもよい結果が出ることが多いと思います。

特に進学校・進路多様校の先生は、就職を希望する生徒が少ないためにハローワークと情報交換をすることも少ないとは思いますが、遠慮することなく、是非お近くのハローワークに連絡をとってみてください。

16)　課外活動のススメ

企業活動と直接関係しない課外活動（ボランティアや部活動、委員会活動など）も、将来的な職業生活に大きく影響を及ぼすほか、直接的に職業選択をする場合の選択肢になる場合もあります。例えばボランティア経験によって、介護の仕事を目指すというような場合もあります。

課外活動について積極的に支援することも、就職活動によい結果をもたらす可能性がありますし、生徒同士のネットワークづくりにもつながります。

間接的な方法ですが、是非ご検討ください。

17)　就職が決まった生徒に対して

就職が決まった生徒に対しては、「自分が就職する会社が、具体的にどんな会社なのか」調べるように宿題を出してください。前に申し上げたように早期

離職が高い割合で出ていますが、会社の雰囲気や状況を事前に知っていれば防げるものも少なくありません。

また、就職後、可能な限り早期に会社と本人を訪問して、状況を尋ねてあげてください。電話でも結構です。4月末までに辞める卒業生も多いのです。ちょっとした声かけが離職を防ぐ可能性があります。

18）　地域的に高卒求人が非常に少ない場合

地域を離れる（求人の多い地域で就職する）ことについては、親御さんも含めよく相談する必要がある場合があります。正社員を希望する場合でも（地域を離れることを希望しない場合には）、場合によっては地域の中でアルバイトなどでの就職を検討する場合もあるかと思います。

また、下記「フリーターから抜け出るきっかけ」も参考にしてみてください。

19）　高校を中退した生徒が相談に訪ねて来た場合

ハローワークの中卒求人を見てみると、理容・美容見習いや調理見習いなど一定の職種・業種に偏っているほか、（近年の高学歴化のおり）もともとの求人件数が非常に少なくなっています。

公共職業安定機関に相談したり、生徒本人や先生自身、また地域のネットワークを使って仕事を探すということも検討する必要があるかもしれません。下記「フリーターから抜け出るきっかけ」も参考にしてみてください。また、パソコンや簿記などの基礎的な資格取得を積極的に勧奨していただいてもよいかもしれません。

なお、本人の希望によっては高校への再入学や大検、専門学校や大学への進学という選択肢もあるかと思います。

20）　大学を中退した生徒が相談に訪ねて来た場合

基本的には「高校を中退した生徒が訪ねて来た場合」と同じになるかと思いますが、学歴条件を「高卒以上」とする求人はハローワークでも多くあります（「学歴不問」＋「高卒以上」でハローワーク求人の8割以上になります）。時期にかかわらず、ハローワークで求人を探すことが可能です。

中退の意図をお聞きになって、適切なアドバイスをしていただき、ハローワークの利用を勧奨していただければ、と思います。

21) フリーターから抜け出るきっかけ

　高校を出る生徒に人気がある職業は、事務や販売などのホワイトカラー求人です。アメリカなどの場合、ホワイトカラーへの就職（転職）には「弱い紐帯（社会人になって知り合った仕事上のつきあいの人など）」が有利に働くと言われていますが、日本では「強い紐帯（家族や親戚、親しい友人など）」がよい効果をもたらす、という研究があります。例えば、親や親戚、先生などのコネを使った「縁故採用」などです。

　学校求人やハローワークの求人では本人に合った求人が確保できない場合、こうした「縁故」を活用するのも1つの方法であり、担当の先生が1人で抱え込まないで、こうして親御さんや地域に相談したりお願いしたりすることも、生徒本人にとってよい場合もあります（縁故採用は、離職率が低いというデータもあります）。

　また、フリーターになるきっかけの1つとして、「地元の友人と（引き続き）仲よく遊び続けるため」というような場合もあります。こうした場合には、（地元の友人集団だけでなく）外に出てみたり、新たな集団に参加してみたりすることを勧奨することで、新たな刺激を受けて「何かをしよう」という意思が出てくる場合もあります。例えば、行政が設置している「ジョブカフェ（参考資料参照）」に行くことを勧めてみる、仕事を探すことを手伝ってくれるNPO法人に行くことを勧めてみる、学校を中退しているような場合はフリースクールにまず行ってみることを勧めてみる、というような方法があると思います。

　彼ら（生徒）は人間関係的にも情報的にも、限られたつきあいのみしかなく、十分な情報収集・職業選択ができていない可能性があるということです。

　もちろん「少なくともいいからある程度の収入があって、あとはサーフィンや音楽をしながら、のんびり暮らす」というしっかりした生活方針のもとに、フリーター生活をすることを否定することはできません。本人が「本当に好んでその生活をしたいのか」ということを確認する必要がある、ということです。

22） フリーターを辞めさせるための「説得材料」

仕方なくフリーターにならざるを得ない生徒に対してではなく、何の将来の
ビジョンもなく真面目に就職を考えていないが、結婚や収入にこだわりのある
生徒に対して活用してみてください。

結　　婚：ある調査で25〜29歳だった独身男性正社員が5年後には48.3%が
　　　　　結婚したのに対して、フリーターの場合は28.2%しか結婚していな
　　　　　かった。女性の場合も、同年齢で正社員46.6%、フリーター38.0%
　　　　　と差が出た。

収　　入：正社員の平均年収387万円
　　　　　フリーターの平均年収106万円

その他：正社員：ローンを組むときに保証人を要求されない
　　　　　　　　　クレジットカードの利用限度額が高い
　　　　フリーター：ローンを組むときに保証人を要求される
　　　　　　　　　クレジットカードの利用限度額が低い

23） フリーターからは抜け出せます！

フリーターを経験した者のうち63%が正社員になろうとしたことがあり、
そのうち63%は実際に正社員になっています。なお、この際のポイントは「早
期の離脱」と言われています。

フリーターになるのは、成績や能力よりも「学校への参加度合い」という研
究もあります。職業教育には、進学希望者等を含め、いろいろな生徒・学生を
巻き込んでください。

(2)　大学生等の場合

1）　最終目標

最終目標は、「卒業時点で就職している」ではなくて、「学生が自ら職業を調
べ、適職を選択できる動機・知識・技術を獲得する」ということです。

大学1、2年生の時期から、「どういった職業を選択するか」という意識を持
たせるようにしてください。就職について悩む（考える）時間をとれるように
してください。

高校などと異なり、授業の一環としてすべての学生に「職業の選択を考えさせる時間をとる」ことは困難かもしれませんが、学生を集めたセミナーや講習などを積極的に開催してください。なお、一部の大学では必修の授業として置いているところもあります。

第8章に各学校の工夫を載せていますので、参考にしてください。

コラム2：「高校生就職スタートブック」

高校生向けに仕事の考え方、就職活動の方法をまとめた「高校生就職サポートブック」(各都道府県労働局)があります。既に利用されている高校も多いかと思いますが、冊子に本人が直接書き込めるスタイルになっています。生徒自身が自ら書き込むことで、就職への意識が高まり、自分自身がどのくらい準備できているかを理解することができます。

よくまとまっていますので、授業時間にクラス全員で取り上げるなど、是非積極的なご活用をお願いします。

図1-1　高校生就職スタートブック、就職サポートブック

2）　相談室に来ない学生をどう取り込むか

大学の就職相談室／キャリア形成支援センターに来る学生は、「就職意欲のある学生」です。「意欲のない学生は来ない」という問題意識を持って、どう

やってそれら「意欲のない」学生を取り込むか、という工夫も検討してみてください。特定の講義や心理相談室との連携も1つの方法だと思います。

3) 進学する学生に対して

留学、大学院に進学をする学生に対しても「将来、何の仕事をするかイメージした上で、進路を選択するように」ご指導ください。学者・研究者となることも含めて、ほとんどすべての学生は「仕事」をしなければなりません。

4) 就きたい職業が決まった学生に対して

就きたい職業が（何であっても）決まった学生に対しては、早期に「どうやったらその職業に就けるか」を調べるように宿題を出してください（担当者の方も調べるようにしてみてください。学生と議論するきっかけとなります）。

調べることによって、その仕事に実際に就ける可能性がどのくらいか理解することができ、「そのための方法」を知ろうという第2段階に進みます。この段階をできる限り早い段階で（遅くとも3年生の夏か秋までに）済ませることが重要と思います。

5) イメージで職業を探している学生に対して

イメージ（有名度やかっこよさ）で職業を探している学生については、その職業を具体的に調べるよう宿題を出していただくのがよいかと思います。

調べることによって、その仕事の実際の大変さが分かったり、どういう準備をしなければならないのかが分かると思います。例えば、ご存じのとおり、マスコミ系は就職セミナーやその対策講座もずいぶん早期に開催されています。このセミナーに遅れることは、就職活動に乗り遅れることにもなります。

6) どのくらいこだわるべきか

必ずしも「就きたい職業」「やりたい仕事」にこだわる必要はない、ということを理解する必要があります。「残業の少ない仕事をして、家庭生活を充実させたい」という考え方もあります。趣味は趣味として残して、仕事は収入と割り切る、という考え方もあります。

キャリアの設計は、職業人生だけでなく余暇や生活自体も関連してくる問題です。

また、近年では「自分に向く職業がきっとあるに違いない」という「適職信

仰」が指摘されています。また「自分がやりたくないことなら就職することはない」という「やりたいこと志向」も指摘されています。ただし、学生には情報も経験も少ないことを理解する必要があります。

適職も、やりたいことも、特に仕事の経験のない若年層では、実際には「仕事をやりながら気がつく」という面もあります。そこを後押ししてあげるのも担当者の役割だと思います。

7)　受身ではダメ

職業の未決定に最も大きな影響を及ぼすのは、「受身」の姿勢であるとの研究もあります。「将来どうなるのかを今から計画する」「将来の仕事を今から考える」「将来のために今から行動を起こす」「将来のビジョンを持つ」「自分で職業を決める」ということについて、何度も機会を見て口酸っぱくお話していただくのがよいと思います。

8)　課外活動のススメ

企業活動と直接関係しない課外活動（ボランティアやサークル活動など）も、将来的な職業生活に大きく影響を及ぼすほか、直接的に職業選択をする場合の選択肢になる場合もあります。課外活動についても積極的に支援することも、就職活動によい結果をもたらす可能性がありますし、学生同士のネットワークづくりにもつながります。ゼミや担任制が（先輩や先生とのつながりという意味でも）効果的な場合もあります。

間接的な方法ですが、（学校全体の問題として）是非ご検討ください。

9)　就職が決まった学生に対して

就職が決まった学生に対しては、「自分が就職する会社が、具体的にどんな会社なのか」調べるように宿題を出してください。前に申し上げたように早期離職が高い割合で出ていますが、会社の雰囲気や状況を事前に知っていれば防げるものも少なくありません。

また、可能であれば、論文指導教官等を通じて、就職後の可能な限り早期に本人の状況を尋ねてあげてください。電話でも手紙でも結構です。ちょっとした声かけが離職を防ぐ可能性があります。

（3） その他の学校（専門学校や短大等）の場合

　高等専門学校の場合、高校と大学の両方を参考にしてください。専門学校の場合、就職に結びつくような資格系の専門学校は大学の方を主に参考にし、就職に結びつきにくい資格系の専門学校は高校の方を主に参考にしていただければよいのかと思います。短大の場合は、基本的には大学のほうを主に参考にし、高校の方も参考に見てください。

　特に資格系の専門学校の場合、学生同士のコミュニケーションの場（就職のための「グループ討議」など）が、就職の意欲を高める場合もあります。また、その業界で活躍しているOB・OGの話を聞くというのも、実際に具体的に仕事を感じられるという意味で、効果がある場合が多いようです。

第 2 章

職業選択の方法

　本章では、いろいろな手法や検査、書籍などを活用して多くの職業を知る中で、職業の選択方法について検討します。生徒・学生個人個人が「希望する職業」を明確に選択している場合は行わなくともよい場合もありますが、ほとんどの生徒・学生が明確に選択していない場合にはクラス・グループ一律の実施ということも考えられます。もちろん、これから説明する手法について、生徒・学生個人個人に対しても行っていただいても（またクラス一律に行っていただいても）構いません。

　インターネット時代になり、情報の入手は容易になりましたが、「あまりにも多すぎて選べない」という現象も生じています。**選択の仕方は**、積極的なアドバイスを含め、**先生や担当者の方が支援すべき事項**だと思います。

1.　職業選択のための情報源

（1）　職業カードソート

　職業を書いたカードを何枚か（数十枚）用意して、それを生徒・学生に自分なりにいくつかのグループに分けさせます。黒板に数十の職業を書いて、それを生徒・学生に書き取らせる、という方法でもよいと思います。そして、そのグループに入れた職業の共通点を見いだし、そのグループの職業について就職したいと思うか就職したくないと思うか、またその理由は何か、ということを話していきます。または「好きな仕事」「興味のない仕事」「嫌いな仕事」という区分で分けて、それぞれのグループの共通点を探す、という方法もあります。

　メリットとしては、既成の検査と異なって、生徒・学生の希望する（または

興味のある）職業を入れることによって、生徒・学生の興味を引いたり積極的な参加が図れるということがあります。他方、既成の検査のような「標準化された結果」が出るというものではありません。

職業名の選択については、後述のOHBY（職業ハンドブック高校生版）や市販の文献（この章の末尾に「参考となる文献」として記載してあります）を利用して、生徒・学生の興味のありそうな職業を中心に選択してみてください。

なお、第8章でこの職業カードソートの考え方を活用した「職業新聞」の工夫の事例を掲載していますので、参考にしてください。

(2)　VPI職業興味検査

VPI職業興味検査は、大学生・短大生・社会人を対象とした検査で、160の職業名を提示してそれぞれの興味関心の有無を回答する形式になっています。6つの職業興味領域（現実的・研究的・芸術的・社会的・企業的・慣習的）に対する興味・関心の強さを見ることで、興味・関心に合致する職業例を得ることができます。また、5領域の心理的傾向（自己統制、男性－女性、地位志向、希有志向、黙従反応）も把握できます。

実際にやってみると分かりますが、必ずしも本人の興味と合った職業領域が出てこない場合もありますし、具体的な職業例がピンと来ない場合もあると思います。こうした場合は「この結果を見てどう思うか」「この職業領域についてどう思うか」「この職業例をどう思うか」という形で、先生・担当者の方と生徒・学生の議論のきっかけづくりにするのがよいと思います。160職業がありますので、いろいろなディスカッションができると思います。

ある程度世の中にある職業が分かる人向き、ということで短大以上が対象になっていますが、高校生でも十分活用できると思います。

VPI職業興味検査については、お近くのハローワークなどの公共機関で無料で受けることが可能ですし、（社）雇用問題研究会で販売もしています（TEL：03-3523-5181、URL：http://www.koyoerc.or.jp/kensa/gakusei/g_vpi.html）。

（3） OHBY カード

　日本の職業の大部分を網羅した 430 職種について、信頼できる職務情報をもとに、労働問題を研究する公的機関である「独立行政法人　労働政策研究・研究機構」で開発されたものです。

　OHBY は、もともとパソコン上のシステムとして開発されましたが、現在はカードの形で販売されています。カード形式のためどこでも実施できるという利点があります。URL：http://www.jil.go.jp/institute/seika/ohby/index.html

　独立行政法人　労働政策研究・研修機構で販売もしています（TEL：03-5903-6263、メール：book@jil.go.jp）。利用者が多い学校の場合は購入してもよいかもしれません。

（4）　新しいやり方

　職業興味検査や職業適性検査に代わって、近年では「質的キャリア・アセスメント」という質問技法もよく使われるようになってきました。たくさんの若者のデータを取ってそれを「標準化」してグループ分けをするのではなく、個人個人の気持ちや主観を重視する考え方です。

　第3章にも関係しますが、例えば動物好きな人は動物の本やテレビ番組をよく見ているでしょうし、ものづくりが好きな人であればプラモデルを作ったりそういう雑誌を読んだり、ものづくり系のテレビを見ているかもしれません。そこから逆算して「好きな本やテレビ番組」「好きな映画や物語」などを聞いていくのです。あるいは「これまで好きだったこと」「頑張ったこと」「心動かされたこと」でも構いません。そうした日常生活の経験の中に、本人の価値観や人生観が含まれていると考えているのです。

　日本の学校ではいろいろなイベントが校内で開催されていますから、運動会や委員会、クラブ活動、部活動、学園祭、遠足、就学旅行、合唱コンクールなどについて思い出してもらって「楽しかったこと」「頑張ったこと」「好きな役割・人間関係」を聞いていただいてもいいかもしれません。もちろん学校に限らずお稽古ごとや家族旅行、学校外の友人関係でも構いません。そうした中から本人が「これからも大切にしたい価値観・人生観」を語ってもらうのです。

コラム3：「なぜ仕事をするのか」という問いに対して

　働くことにはいろいろな意義があります。まず第1に、働くことによって「収入」を得て、生計を立てていくことが挙げられます。

　しかし、それだけではありません。働くことによって、人は「社会」の一員になります。そして社会の一員としての役割を果たし、仕事を通じて自分の能力を発揮したり、新しい知識や技能を身につけたり、自分の個性を伸ばしていくといった社会的・人間的な「成長」が可能になります。これが第2の意義です。「自分の力を社会に示す」「社会に認められる」という面があります。

　第3には、仕事をやり遂げる「満足感」や「達成感」、そしてそこから生まれる「自信」などが「働く喜び」となったり、自分が作った商品やサービスなどが社会に受け入れられ、喜ばれることにより、職業を通じた「生きがい」なども生まれてきます。「自分の夢を実現させる」ということも関係してくるでしょう。

　職業に就くと、一日の中の最も活動に適した時間を職場で過ごしたり、職業に費やすようになります。

　実態としては、働いて最初のうちは、「仕事を通じて自分の能力を発揮」したり、「新しい知識や技能を身につけ」たり、「自分の個性を伸ばしていく」のは難しいかもしれません。「自分の力を社会に示す」「社会に認められる」仕事をやり遂げる「満足感」や「達成感」、そこから生まれる「自信」、職業を通じた「生きがい」、「自分の夢を実現させる」というのも数年かかるかもしれません。就職が決まったら、その厳しさは一言アドバイスいただいてもよいのかもしれません。

　こうした「収入」「社会の一員」「生きがい」といった点につき、先生・担当者ご自身のご経験などを踏まえて、生徒・学生に対して**熱く**ご説明していただければ、と思います。

　もちろん、生徒・学生自身が自分の人生を「趣味の人生」と割り切って、「仕事」を「単に収入の糧」と考えることも間違いではないと思います。

　生徒・学生を否定するのではなく、ここではとりあえず一旦は生徒・学生の気持ちを受け入れて話を進めていただいて、反発する生徒・学生からはよく話を聞く（その反発がその後の彼（彼女）の仕事感形成に非常に役に立つと思います）という姿勢がよろしいのかと思います。仕事の3つの側面（「収入」「社会の一員」「生きがい」）に対するバランスは、生徒・学生それぞれで異なると思いますし、異なってもよいものだと思います。

他方、若いうちは「自信がない」「経験が少ない」等で価値観や人生観を語れない若者も少なくありません。語れるようにするために学校のイベントに積極的に参加してもらう、事後の振り返りを行う等の支援も重要だと考えています。

2. 自発的に職業選択をするには

職業指導の先駆者、アメリカのパーソンズはその著書『職業の選択』(1909)の中で以下のように述べています。

① 仕事は選択することが望ましい。

② 職業選択の際には、慎重に自己分析をし、かつ指導を受けること。

③ 若い人は幅広く多くの職業分野を選べることが必要。就きやすい職業に妥協しないこと。

④ 若い人はよく研究している人の助言を受けることが安全であり望ましい。

⑤ 自己分析は紙に書き記すことが必要。

100年も前のアドバイスですが、今でも十分に有効だと思います。職業は自分で選択する、という意思を持たせることが重要です。

次節では、仕事を本人に「自発的に」選んでもらうに当たって、どのような質問・ディスカッション方法があるのか、さらに検討していくことにしましょう。

(1) 自分は何の仕事がしたいのか、なぜその仕事か

まず、「自分は何の仕事がしたいのか」思い浮かべさせます。

そして、「なぜその仕事をしたいのですか。なぜその企業に行きたいのですか」と問いかけます。

「一流企業だから」でしょうか。「名門だから」でしょうか。「人と接する仕事がしたいから」でしょうか。「自分にとってやりがいのある仕事だから」でしょうか。「昔からやりたかった仕事だから」でしょうか。「収入がよいから」

でしょうか。「人の尊敬を受けられるような立派な仕事だから」でしょうか。

実際には複数の理由が複雑にからみあっていると思います。「やりたい仕事」で「やりがいがあって」も、時給100円ではやらないかもしれません。「やりがいがあればどこでもよい」けれども、その仕事は大企業でしかできない仕事かもしれません。「仕事（職業）」と「企業（業種）」は厳密にはイコールではありませんが、最初は区別なくイメージしてみてください。次にイメージが具体化したら、「仕事」と「企業」を区別して、整理してみてください。

① 「自分は社会（会社勤め）に適応できるか」という心配

こればかりは実際に就職してみなければ分かりません。ただ長期間勤続すると、それだけ辞めにくい（さらに勤続できる）ということは、どのデータを見ても言えるようです。

なお、会社によっては積極的に「のれん分け（独立）」を勧めているような会社もありますし、結果的に独立者が多いような会社もあります。自分が将来どうなりたいのかを踏まえて（例えば「将来の独立のために、今は勉強として就職する」）、就職を選ぶ方法もあることは伝えてよいかもしれません。

働く人の8割は「会社員」です。何も考えていない生徒・学生に対しては、まずは「会社員」をしてみたら、というアドバイスでもよいかもしれません。

② 「やりたい」仕事を選ぶべきか、やりたい仕事がなくとも「とりあえず就職」すべきか

これは結局は本人の決定次第です。しかし過去（従来）の就職は「やりたい仕事を選ぶ」より、「生活のために働く」という人が多かったのも事実です。現代は豊かになり「選択する時間」が確保されていますが、私は「やりたい仕事に就かなければいけない」ということはないと思います。

最初嫌だった仕事でも慣れてくれば楽しく思えてくることもありますし、反対にどうしてもしたかった仕事も数年で飽きてしまうこともあるかもしれません。また、芸能人やミュージシャンなどの仕事は、多くの人があこがれるけれども、ほとんどの人が生活できないのが現状です。

まず「やりたいことをして生活ができるということは非常に恵まれている」と理解させることが必要です。そして「そのためにどれだけ我慢できるか」を

その都度その都度考えることになるのだろうと思います（もちろんすぐにうまく成功する人もいらっしゃいます）。「やりたいことは趣味として残しておいて、就職は別にする」と考えて、成功している人もたくさんいます。

「お金を稼ぐこと」「やりたいことをやること」「自立すること」「自分で食べていくこと」「大人になること」「人のためになること」、人によって就職の意味はそれぞれ違うと思いますが、自分の主義主張と併せて、周りの大人の意見もよく聞いて「就職」を決めるよう、導いてあげてください。

③　「社会人に未来が見えない」生徒・学生のために

「あくせく働いて何が面白いんだろう」「一生懸命働いてる父親の世代を見ても、家庭では大切にされずに……」など、いろいろな理由で正社員として会社勤めすることに「嫌悪感（または不安感）」を抱いている学生・生徒も多くいると思います。

方法はいろいろとあります。正社員として会社に就職した上で「自分は家庭を大切にしたい」と主張すると言う方法もありますし（ダメだったら辞める、

コラム4：働き方について

今働いている人の8割は会社勤務です。一方、会社に雇用されずに自ら店を営業したり仕事をする「自営」もあります。弁護士や開業医、商店主などが自営になります。弁護士や社会保険労務士などの職業では、共同で事務所をつくるなど、変則的な自営を行う場合もあります。建設業などでは、事業所や個人事業主が協力する形で1つの建物を建てるような場合もあります。

最近では、働き方が多様化しており、正社員のように毎日8時間フルに働くのではなく、時間を限って働くパートタイムや、派遣先の会社で働く派遣社員など、希望する時間や期間だけ働く働き方もあります。派遣社員の場合は、本来採用されるとすれば非常に難しい大企業に派遣される場合もあるというようなメリットもあります。

生徒・学生の希望に応じて、個別に検討することになるかと思います。先生や担当者の方も、最近の就業形態の多様化については、時間がある時に勉強していただければ、と思います。

くらいの気持ちでもよいわけです）、仕事をしてみると思ったより面白いということもあります。また、アルバイトよりも実際に給料がいいことにも気がつくかもしれません。

　楽をして儲けることのできる仕事はなかなか無いのが実情ですから、就職してみて仕事が大変で困ることもあるかもしれません。でも、きっと楽しいこともあります。人と出会うことができます。そういった辺りについて、先生・担当者の口からご自分の経験をもとに熱く語ってあげてください。

　④　「とりあえず」でも就職活動をするメリット

　まず就職活動の方法が分かります。また「就職活動」がいかに厳しいものかが理解できます。ですから、早めに意識を持って開始することが大切です。面接の練習をすれば、自分の欠点も見えてくると思います。

　なお、就職活動があまりにも厳しくて、生徒・学生に消極的になる気持ちが出てくる場合もありますが、そういった場合は是非元気づけてあげてください（それこそ先生や担当者の方のお仕事だと思います）。

　会社側もよい人を採用するために「落とす」、「揺さぶる」などいろいろな方法を使います。就職する生徒・学生の側も、よい会社を見つけるためには、目で耳で手で足で稼がなければならないことを、意識させてあげてください。

(2)　先輩、ハローワーク、先生、就職担当者のアドバイス

　こうした人々からアドバイスを受けるということは、企業の担当者から聞く「企業の表の情報」だけでなく実際の生の情報が入っているということです。また、情報という観点だけでなく、心理的な支援にもなり得ます。

　こうした人的ネットワークの構築は積極的に行うよう、生徒・学生に情報提供してください。また、こうした人的ネットワークが構築できるよう、担任の先生その他関係者に働きかけてください。

　社会人になって以降も、こうした人的ネットワークは生徒・学生自身の役に立ちます。「就職したら自分の後輩たちの面倒もみてあげよう」と付け加えることも忘れずにお願いします。

（3） インターンシップ、アルバイト、職場見学（工場見学）

　近年、企業側も CSR（社会的責任）の観点から、積極的にインターンシップ
に協力してくれるようになっています。企業、生徒・学生のお互いがお互いを
さらによく知るために、よい機会になると思います。

　また従来からあるものとして、「社会経験」の場としてのアルバイトという
ものもあります。アルバイトで働いていた職種で就職したいという場合は必ず
しも多くないかもしれませんが、「社会活動に参加する」「人から指示を受ける」
「お金を稼ぐ」という社会勉強をしてきているのではないかと思います。

　職場見学（工場見学）は小学校・中学校時代には行ったことがあるかと思い
ますが、就職活動期にも積極的に行ってみることを勧めてみてください。一般
人に対して電力会社や食品会社・ビール工場などの製造工場が行っている工場
見学などは有名ですが、電話をかけてお願いすると結構多くの会社で応じてく
れる場合があります。就職活動だと正直に言えば、さらに応じてくれる可能性
も高まると思います。

　また、小売店を持つ会社であれば、実際の小売店に行ってみるのもよい方法
です。その会社の方針の一端がそこで見て取れるからです。またそこで働いて
いる社員の方を様子を見ることも、その会社の一端を見ることになります。実
際に行って目や耳で体験することは重要な「体験」になります。

コラム5：ユース・アプレンティス

　アメリカでは中学・高校や大学、専門学校などで日本以上に職業教育が行われ
ていますが、その中でも「卒業後の就職先と連携して行われる実習体験プログラ
ム」（ユース・アプレンティス）というものがあります。

　3年以内に離職する若年労働者も多い昨今（4月に辞める方も多いのです！）で
すから、就職が決まった会社に（最終学年の）冬休みの1〜2日アルバイトを行う
など、「就職前の顔合わせ」ということを積極的に進めるのも、就職後のフォロー
アップと合わせ、よい方法なのかもしれません。

(4) 就職セミナー（合同企業説明会）：主に大学向け

就職セミナーもまた、重要な情報源です。企業が自ら開催している場合、大学等が開催している場合、セミナー会社が企画している場合などいろいろな場合があるかと思いますが、生徒・学生自身の興味に従って幅広く参加することをお勧めします。こうした就職セミナーでは表の情報しか入手できない場合もありますが、そこで人脈を形成したり、自分の熱心さをアピールしたり、業界情報を収集したり、いろいろな活用方法があると思います。

合同企業説明会といったものもあります。是非、積極的に活用してください。

(5) 職種を決めるか業種を決めるか

職業の決め方としては、「職種（仕事）」を決めるか「業種（企業）」を決めるか、2つの方法があります。前者は例えば「外国で活躍する仕事がしたい」「どこの会社だろうとSEとしてステップアップしていく」「将来はTV製作をしたいが、まずは関係企業ならどこにでも入る」というような例になるかと思います。後者は「商社に入る」「銀行に入る」という形になるかと思いますが、通常であれば一般企業に総合職として採用されると、人事担当になるか営業になるかは、入ってみないと分からない面もあります。また、担当を何年かごとにいろいろと動く場合が通常です。

多くの場合は「企業名」で就職を決める場合も多いかと思いますが、自分がどういった就職を希望しているのかよく考えてみる必要はあるでしょう（他方、「職種（業務）」を限って就職を決めるのは、正直なところ一部業界を除いては必ずしも楽ではありません）。社会人の経験者にいろいろと聞いてみるのが、よい経験になります。最近はインターネット上で、いろいろな社会人のインタビュー記事もあります。先生・就職担当者の方が積極的に聞き、読んでみて、よいものは是非積極的に生徒・学生に情報提供してあげてください。

（6）　業界・企業・職業に対する勉強・調査

生徒・学生が、入りたい「業界」「企業」「職業」を調べておくことはとても重要なことです。これは面接対策という観点もありますが、その業界・企業・職業の性格が自分に合っているかということをチェックする上でも重要です。また、例えば、その企業の将来性までは分かるかどうかは分かりませんが、その企業が社会にどう見られたいと考えているかということは、すぐに分かると思います。

企業のそれぞれのホームページやパンフレットを見てもよいでしょうし、会社四季報やヤフーの企業情報（http://profile.yahoo.co.jp/）などで各企業の財務状況を確認することもできます。また、業界の新聞などで最近の情報を知ることもよい勉強になるでしょう。志望企業の新聞記事や関連書物を読みあさることもよい勉強です。

就職活動をする前に、または就職活動中であっても、企業の現場を訪問してみるのもよいことです（例えば通年で工場見学をやっている場合もありますし、販売店を持っている企業であれば品物を買いに行くのもよいでしょう。企業の採用担当者に依頼すると、見せてもらうことができる場合もあります）。こうした情報は面接でも大いに活用できます。恥ずかしがることなく、積極的に進めるよう、生徒・学生を指導してあげてください。

コラム6：賃金などの労働条件について

賃金のみでは見えない部分があります。例えば一般的に外資系は賃金が高いかわりに福利厚生が薄いとか、歴史のある大企業は見えない福利厚生がよい（例えば社宅が充実している等）があります。

また賃金以外の労働条件の悪い会社は、賃金以外の細かい労働環境をあまり明示しない場合も多くあるようです。月給18〜40万円と書いてあったら、若いうちは18万円を考えておくのがよいようです。

周辺情報は十分に集め、賃金水準だけで会社を選ばないよう、生徒・学生へのアドバイスをお願いします。

また、入手したたくさんの情報をもとに、「自分が社長だったらどうしたいか」くらいの気持ちで面接を受けるように指導してください。

(7) 職業を選択する観点

よく言われることですが、昔は企業を選ぶときは会社の「安定性」とか「成長性」、「労働条件のよさ」というのを考えていた場合が多いのですが、今は「企業イメージ」や「商品イメージ」（または「職業イメージ」）で職業を選択する人が多くなっています。

このため、油まみれになったり力を必要とするような製造現場は、一般的に好まれない傾向にあるようです。ただ、「ものを作る仕事」はサービス分野と違って、実際に自分の力でものを作る満足感を味わうことができます。最初から「イメージ」で仕事を選ぶことによるデメリットも十分に理解する必要があるでしょう。

他方、「企業イメージ」や「商品イメージ」で企業には入ったけれど、イメージと実際の差に悩む例も少なくないようです（イメージだけでなく、実際に目で耳で会社の情報を集めることが大切です！）。

もちろん選択はそれぞれですが、たくさんのイメージ情報に惑わされることなく生徒・学生が自分の進みたい道を自ら選べるよう、特に情報収集はイメージだけにならないよう、支援してあげてください。

(8) 職業選択を人に話してみる

生徒・学生の職業選択について、先生や就職担当者の方だけでなく、他の人（親や親戚、友人、他の先生など）に話してみることも有効です。自分の心の中が整理されることもあるし、相手からアドバイスを得ることもできます。1人で「悩んでいる」ような状態だったら、進路指導室や就職相談室だけでなく積極的に人に話してみることを勧めてみる方法もあります。

「悩んで」いなくとも人に話してみると、案外よい情報（時には「苦い薬」の場合もありますが）入ってくるものです。

(9)　先輩の就職先や学校に来た求人のチェック（特に高校生の場合）

高校生の場合は職種等が限られている場合もあります。あこがれも大切ですが、採用がない職種では就職はできません。先輩の就職先や学校に来た求人をチェックする中で、「就職できる職業」を理解していくのも大切と思います。「自分たちの学校の先輩の就職・進学状況調べ」というのもよいかもしれません。

「イルカの調教」をするために、高校には「イルカの調教」の求人がないので「浪人してでも大学に行く」という結論を導くのも悪いことではないと思います。

(10)　職種を狭めすぎない

職種を生徒・学生が自ら選択する必要はありますが、必要以上に職種を狭めすぎると、やはり就職に至らない場合があります。例えば、「イルカの調教師」しかり、「銀座の大手企業の事務職」しかり、（本当に必要な条件を絞る必要はありますが）あまり狭い範囲ではなかなか就職ができない場合もあります。生徒・学生に「どうやったらその職に就けるか」の宿題を出す際に、また共に考える際に、是非アドバイスをお願いします。

最近の「適職信仰」の中で、生徒・学生は「本当にしたいことでなければ、長く続かない」と考えている場合もありますが、動物好きであれば何もイルカ

コラム 7：自営・個人事業主について

建設や調理などの職人の世界では、学校で学んだ後や一定期間雇用されながら訓練を受けて、個人事業主として独立する場合も多くあります。

専門知識を持っている先輩のもとで働きながら覚えるという方法もあります。また、国や地方公共団体などで技術専門学校・職業訓練校という名称で大工、庭師、木工家具職人などの育成を行っていますし、調理師・宝飾職人・トリマーなどについては専門学校・専修学校で、またそば打ちやお好み焼き、コーヒー、ラーメンなどでは民間企業などでも「学校」を開催している場合もあります。

生徒・学生が希望する場合には、是非一緒に調べてあげてみてください。

にこだわる必要はない訳ですし、事務職がやりたくて銀座で買物がしたくとも別に近隣の事務職でもいいわけです。

　ここでも、できるだけ生徒・学生の意見を完全否定するのではなく、彼・彼女らの「本当の要望」を拾い上げてほしいと思います。

第 3 章

自分自身を知る

1. 自分と社会との接点

　以下は、自分に適した仕事が思いつかない生徒・学生向けに、どんな仕事が向いているか考える上でのきっかけとなる「自分と社会との接点」についての質問です。本章では、自分と社会との接点を振り返ってみてもらうための質問を検討します。

　就職活動期にある生徒・学生の場合には、実際に紙に書いてみることをお勧めしてみてください。そうすることで、実際に本人の中での整理にもなりますし、生徒・学生も支援者も後でその整理を読み返すこともできます。

(1) ウォーミングアップ

　あなたが小さい頃の「なりたい職業」は何でしたか。幼稚園、小学校、中学校の作文や卒業文集で「将来のこと」について書いたことはありませんか。その時に、その「なりたい職業」を選んだ理由は何だったでしょうか。

　また、学校の授業等で、工場見学や職場見学に行ったことはありませんか。その時、その企業・職業について何か考えたことはありますか。

(2) まずは第1歩から

　あなたにとって「仕事」とは何ですか。「仕事」と言われて思いつくイメージは何ですか。

※　このイメージが漠然としている生徒・学生は、以下の質問に答えていくことでより具体的な意味を持っていくものと思います。

(3)　親の仕事

あなたの親御さんのお仕事は何でしたか。祖父母や親戚の方はどうでしたか。それについてどう思っていましたか。今、就職について考えてみて（または就職活動をしてみて、または仕事を実際にしてみて）その考えは変わりましたか（この質問は、個人情報かかわる微妙な質問ですから、十分にご配慮ください）。

(4)　アルバイト

あなたは今までどんなアルバイトをしてきましたか。そのアルバイトをした理由は何でしたか（お金を稼ぐため？　興味があったから？）。そのアルバイトをしてみてどうでしたか（今まで行ったアルバイトそれぞれについて）。

(5)　趣　　味

あなたの趣味は何ですか。その趣味をずっと続けたいですか。その趣味でお金を稼ぎたいと思いますか。その趣味でお金を稼げる可能性はありますか。

(6)　映画や本、テレビやインターネットなどの情報

あなたがこれまで接してきた情報（映画や本、テレビやインターネットなど）の中で、興味を引かれた仕事はありましたか。なぜ興味を引かれましたか。それについて、自分との関係を考えたことはありましたか。「好きだから」「かっこいいから」で済ませずに「なぜ好きか」「なぜかっこいいか」まで聞いて下さい。

(7)　専　　攻

あなたの専攻は何ですか（高校の場合は選択科目など）。なぜその専攻を選びましたか。高校・大学等での勉強は楽しかったですか。この専攻をずっと続けたいですか。その専攻で仕事をしたいですか。

(8)　学校生活

あなたは学校で何を学びましたか。学問だけでなく学校生活全体で印象に残っていることは何ですか。サークルや部活動では何をしましたか。なぜ印象に残っていると思いますか。印象に残っていることが仕事に結びつきますか。

(9)　今までの人生で出会った人からの影響

あなたが今まで出会った人の中で、あなたに影響を与えた人にはどんな人がいますか。どんな影響を受けましたか。その人の仕事やその人の影響の関係で、何か仕事について考えたことはありますか。

(10)　インターンシップ（職場体験）

インターンシップ（職場体験）をしたことはありますか。その時にその職業について感じたことは何ですか。その職業は、前にあなたが想像していたものと同じでしたか、違いましたか。どんな職業ならインターンシップをしてみたいですか。それはなぜですか。

(11)　職場見学・工場見学等

職場見学・工場見学等をしたことはありますか。その時にその職業について感じたことは何ですか。その職業は、見学前にあなたが想像していたものと同じでしたか、違いましたか。

(12)　フェルドマンの「キャリアアンカー」の考え方

これは新卒者よりも、すでに社会人になっている人向けの考え方です。

あなたは自らの職業能力、管理能力、安定性への希望、創造性／起業家精神、独立性の5点について、どのくらいの能力や希望がありますか。どの能力を伸ばしたいですか。

これらそれぞれの項目について考えていくことで、生徒・学生の希望する職種が見えてくる場合もあると思います。また、巻末「参考資料」の中の（参考

となる資料）の検査も参考にしてみてください。

　なお、職業の「選択」方法については第 2 章を参考にしてください。

2.　自分の性格と傾向

　自分自身を知ることは非常に重要です。就職活動（面接）の際の自己 PR は
もちろんのこと、その前段階として、自分に合った職種・職業を選ぶのにも大
前提となるからです。

　この節の項目（質問）を実施するに当たっては、1、2 年生の段階ではただ口
頭で説明するだけでも結構ですが、就職活動が始まり本格的に自分自身を振り
返る必要がある場合には、実際に生徒・学生に紙に書き出させてみることをお
勧めします。紙に書いてみることで、想像以上に自分自身をよく振り返ること
ができます。生徒・学生同士で話し合わせるのも（他人との違いが明確になっ
て）効果的と思います。

　市販の心理（性格）検査を利用する方法もありますが、個人的には、市販の
心理検査は必ずしも必要ないと思います。本人や周囲の方が、ある程度本人の
性格を知っており、また就職活動に活用できるのはまさに本人の弁だけですか
ら、以下のような方法で十分と思います。

　また、スクールカウンセラーや心理相談室と連携して実施されるのもよいか
と思います。ご検討ください。

(1)　ウォーミングアップ

　あなたは親や学校の先生、友人からどんな性格だと言われますか。また、そ
の評価について、受け入れることができますか、できませんか。受け入れられ
ないとしたら、どんな理由で受け入れられませんか。

　また、人から褒められた・怒られた点はどういった点ですか。どんな点に納
得していますか。

(2) 自分とは何か（自分の嗜好は）

まず自分の好きなもの・嫌いなもの、好きなこと・嫌いなこと、好きな行動・嫌いな行動、好きな性格・嫌いな性格などについて考えてみましょう。自分の嗜好を考えることから始めましょう。

自分の嗜好や性格を、簡単に（短く）言葉にすることはできるでしょうか。人と接するのが好きか嫌いか、ものを作るのが好きか嫌いか、器用か不器用か、旅をするのが好きか嫌いか、いろいろと考えてみましょう。

(3) 自分と他人の違いを書き出してみよう

自分を知るには、他人との違いを考えてみるのが簡単です。自分は他人と比べてどうでしょうか（この際、客観的な事実（成績など）だけでなく、性格や行動様式についてもなるべく考えてみるようにしてください）。

またその違いは性別によるものでしょうか、年齢によるものでしょうか、出身地によるものでしょうか、それぞれの個性によるものでしょうか。

さらにその違いは、自分に特有のものでしょうか、比較的多くの人と同じものでしょうか。

(4) 性格カードソート

性格を表現する名詞・形容詞・形容動詞などの中から、自分に合致したものを選ぶ方法です。

「明るい・飽きっぽい・厚かましい・あっさり・熱い・危うい・怪しい・安心・潔い・一途・内気・上手い・うるさい・偉い・遠慮がち・大らか・奥ゆかしい・幼い・面白い・温和・外向的・がさつ・賢い・堅い・活発・我慢強い・軽い・かわいい・頑固・感情的・寛大・几帳面・きつい・厳しい・気まぐれ・義理堅い・勤勉・詳しい・くどい・暗い・気高い・軽率・謙虚・自己中心的・静か・社交的・消極的・渋い・親切・従順・慎重・素直・ずうずうしい・すげない・凄い・誠実・積極的・せっかち・繊細・大胆・正しい・楽しい・短気・淡泊・緻密・慎み深い・つれない・強い・尊い・努力家・内向的・鈍い・粘り強い・独創的・呑気・のんびり・激しい・ひょうきん・深い・朗らか・保守

的・負けず嫌い・真面目・（性格が）丸い・無頓着・優しい・柔らかい・優柔不断・弱い・楽観的・理性的・冷静・わがまま・悪い」などの性格を表現したカードを用意して、自分に合致するものを選ばせます。

こうしたカードをいくつかのグループに分けさせ、「どういう理由でグループ分けしたか」「（そのグループにつき）どう思うか」「自分と合致するか」と聞いていく方法もあります。

もちろんカードは「アイデアマン、争いを好まない、依頼心が強い、裏表がない、押しが強い、思い切りがよい、威勢がよい、感受性が豊か、気が利く、気が短い、協調性がある、屈託がない、好奇心が旺盛、根気強い、自己主張が強い、視野が広い、好き嫌いが激しい、正義感が強い、責任感がある、世話好き、面の皮が厚い、人にすかれる、人を喜ばせる（笑わせる）、熱しやすく冷めやすい、プライドが高い、むきになる、面倒見がよい、物おじしない、物事にこだわらない、理屈っぽい、礼儀正しい」といった文章的なものでも構いません。

黒板に数十の性格を表す言葉を書いて、それを生徒・学生に書き取らせる、という方法でもよいと思います。

また、上記のようなものを一覧表形式にしておいて、一次絞り込み（当たっていると思うものにとりあえず○をつける）・二次絞り込み（○をつけたもののうちから5個なり10個なりに絞る）とどんどん絞り込みをしていって、最も自分の特性に当てはまると思うものを「絞り込む」という方法もあります。

(5) 高校・大学に進学した理由、現在の学校・学問を選択した理由

私の友人で「大学は自由を金で買うところだ」と言った人間がいます。名言だと思います。その友人は大学の授業もまじめに出ていましたが、言葉どおりにどんどん他の大学や外国にも出て行って、結局は別の大学の大学院に進み、研究者になりました。

あなたにとって高校・大学はどういうところで、何のために高校・大学に進学しましたか。今やっている学校はどういうところで（学問はどういうもので）、なぜその学校（学問）を選びましたか。高校・大学への進学（と高校・大

学での学問・生活）は、あなたにどういう影響を及ぼしましたか。その影響を踏まえると、今後はどんな道に進むのが良いと思いますか。

(6) そのままの自分と、変わるべき自分

自分にとって気に入らない部分（例えば「優柔不断」など）も、それが本当に変えなければならないかどうかは難しい判断です。

例えば、「優柔不断」というのは「意見をなかなか決められない」という観点からはマイナスイメージだけれど、「他の人の意見も聞く」「相手を傷つけないようにする」というプラスの面もあるとも言えます。

また逆に、「決断力がある」というとプラスイメージだけれども、「他の人の意見を聞かない」「相手を傷つけやすい」というとマイナスの面もあり得ます。

ほとんどの性格には、よい面（プラス）と悪い面（マイナス）があります。自分の性格のそれぞれについて、よい面と悪い面を考えてみましょう。そして自分がその性格を持ち続けている意味を考えてみましょう。

紙に書く場合は縦に4つの枠をつくり、一番左に自分の性格を、次にその性格のプラス面を、その次にマイナス面を、最後にその意味（理由）を書き込んでみましょう。プラス面とマイナス面の記述の量のバランスが悪い場合は、バランスがよくなるように考えてみましょう。

生徒・学生に1人で（宿題で）やらせるのではなく、担当者の方と一緒にやって、生徒・学生が本人の性格について否定的になりそうな時には、肯定的な面を指摘するなど、暗くならないように配慮してください。

ある人の良い面と悪い面のそれぞれの例と、その性格を持ち続ける理由（注：人によって異なります。）
・「熱心・集中力」
　プラス面：仕事に積極的に取り組む
　マイナス面：周りが見えなくなる（性格なので仕方ない）
・「飽きっぽい」
　プラス面：頭の切り替えが早い、嫌なこともすぐ忘れる

マイナス面：長続きしない（新しいものが好き）

・「持続力がない」

　プラス面：熱しやすい、流行に敏感

　マイナス面：冷めやすい、飽きっぽい（本当に好きなものはそうでもない

　　　　　　　が、流行りのものはすぐに飽きる）

・「まじめ」

　プラス面：何事も一生懸命、相手に失礼がない

　マイナス面：融通が利かない、遊び感覚がない（遊ぶことに罪悪感を感じる）

・「神経質」

　プラス面：慎重、細かいところまで気を遣う

　マイナス面：細かいところまでうるさい（性格なので仕方ない）

・「協調性がない」

　プラス面：マイペース、周りに惑わされない

　マイナス面：周りとうまくやっていけない（無理に相手に合わせる必要はな

　　　　　　　いと考えている）

・「短気」

　プラス面：物事を早くやる、やろうとする

　マイナス面：相手が遅いといらだつ、相手との関係が悪くなる場合がある

　　　　　　　（人より早くやることが好き）

・「口べた」

　プラス面：誠実・嘘は言わない

　マイナス面：相手に対する説明が少ない（おしゃべりは不誠実に見える）

・「おせっかい」

　プラス面：相手のことを考える、面倒見がよい

　マイナス面：相手は喜んでいない場合もある（面倒を見てあげたい）

・「八方美人」

　プラス面：相手のことを考える、周りに気を配る

　マイナス面：人によって違うことを言う（人に嫌われたくない）

- 「アイデアマン」
  プラス面：他の人と違ういろいろな考えが湧いてくる
  マイナス面：思いつきだけ、実行力がない（学生時代は実行してくれる人が
  　　　　　　ほかにいた）

自分の性格	プラス面	マイナス面	その性格を持ち続けている意味（理由）

図 3-1　自分の性格バランスシート

第 **4** 章

就職活動の準備と実際

　就職活動は受験勉強と同様に、準備（勉強）が大切です。大きくは「自分」に関する勉強と、「会社」（または業界・職業）に対する勉強の2つに分けられます。生徒・学生とともに「自分」について勉強する方法は第2章、第3章で説明しました。本章では実際の就職活動について検討していくことにします。

1.　準備と心構え

(1)　準備はいつから始めるべきか

　準備に「早すぎる」ということはありません。就職活動の準備は、高校・大学入学前から開始すると考えてもよいくらいです。一般に日本の学校は「上の学校に行く」ことばかり考えていて、人生の大半を占める社会人生活について、あまり考えない傾向があります。実際の就職活動は高校3年の夏または大学3年の後半から開始されるとしても、頭の中で考え、資格を取得し、就職活動の準備をするのは高校1年の春または大学1年の春から開始してよいでしょう（1年生から開始した「方がよい」とも言えます）。

　なお、遅くなったからといって悲観する必要はありません。先輩の大多数は、就職活動のスタートが遅くなっても、いずれにせよきちんと就職をしています。気がついた時からなるべく早く、そして深く行えばよいのです。それは先生・就職担当者の方がご存じのとおりです。

　大学生の場合、リクルートの就職みらい研究所「2017年9月1日時点・内定状況　就職プロセス調査（2018年卒）」によれば、2月1日時点で2018年卒の85.9％が就職活動を開始し、6月1日時点では61.9％が内定を獲得してい

ます。年度により就活時期は変わってきますが、以前に比べ、かなり前倒しになっている印象があります。民間就職支援機関や近隣の学校とも連携の上、情報には十分に気をつけるようにしてください。

(2) 就職希望業種・職種の研究

いろいろな手段を使って、就職を希望する業種・職種を研究するように生徒・学生を導いてください。その業種・職種の情報は、生徒・学生が自分に適しているか判断する材料にもなりますし、就職活動（面接）の準備にもなります。一つひとつ調べることによって、次に何を調べればよいか分かるという場合もあります。

インターネットや本を見るだけでなく、実際に自分の目で見て、耳で聞いて、足で稼いで、人に会って（場合によってはアルバイトやインターンを経験して）、どんどん生徒・学生が体験できるような工夫をしてください。

コラム8：就職するために何を学ぶのかについて

①学校で学ぶような読み・書き・計算のような基礎能力と、②仕事に関連した知識や技能が必要です。当面、生徒・学生本人には、学校の勉強を進めていただくとともに、社会常識（挨拶や礼儀作法を含む）やコミュニケーション能力を学んでいただく必要があるでしょう。また、可能であれば、昨今の即戦力が期待される社会状況の中で、就職する産業・職業に関連する資格をどんどん取得することが望ましいと言えるでしょう。

こうしたことも是非、生徒・学生に情報として伝達してほしいと思います。また、挨拶や礼儀作法そしてコミュニケーション能力のセミナー、資格取得のためのセミナーも積極的に開催したいものです。

---

(3) 企業の研究

面接に行く前には、必ず一つひとつの企業に関して「企業の概要」を自らの手で書いて、ポケットに忍ばせて持っていくよう生徒・学生を指導してください。自らの手で書くことによって内容を覚えますし、ポケットに忍ばせること

によって安心感と、もしもの時の助っ人にもなります。

　会社名（株式会社が前につくか後ろにつくかを含めて、略称でない正式な名前）、社長と役員の名前、設立年月日、資本金、沿革（会社の歴史）、従業員の数、支店・工場の場所、主要商品、主要取引先、経営理念、経営方針、業界での地位、業界の市場規模くらいについては、可能な限り最新の情報を調べておくよう勧めてください。

(4)　企業が重視する能力（日本経団連の調査）

　日本経団連が2016年に実施した調査（対象企業中1,339社中709社が回答）によれば、企業が大卒等新卒者を採用するに当たって特に重視した点は①コミュニケーション能力、②主体性、③協調性、④チャレンジ精神、⑤誠実性でした。学業成績を重視するか否かについては2016年入社で「かなり重視した」が3,5％、「やや重視した」が51.8％でした。企業においては「売り手市場」という認識があり、説明会を「やや増やした」とした企業が多かったようです。

　一方で生徒や学生は、中学・高校までの進学を踏まえて「授業に出て、ある程度の成績を取っていれば何とかなる」と考えがちです。しっかりとコミュニケーションをする能力があり、自分の意見を言い自分なりに積極的に行動していかないと、履歴書や面接で「何も書けない」ということにもなりかねません。そのギャップを埋める意味でも、生徒・学生に「企業が重視する能力」を伝え、その能力についての現時点での自己評価そして将来目標を考えさせることが重要です。

　コミュニケーション能力や主体性、協調性、チャレンジ精神等の育成には就職ガイダンスだけでなく、通常の正課の講義や課外活動（学園祭や委員会活動、部活動など）も活用して育成していくことが重要です。

(5)　大学・大学院での専門教育・学位の評価について

　日本では従来、企業内で長期的に雇用することを前提としていたため、企業内で労働者を教育する傾向があり（外資系を除く）、一般的に大学・大学院で

の学問（学位を含む）の評価は必ずしも高くありません。例えば大学の法律学は六法の解釈学が多いかと思いますが、企業で必要な法実務はもっと多岐の法律の詳細な部分が多くなります。大学の経済学と企業で必要とされる経済知識もまた、異なるものです。

　理系の研究者やその他一部（MBA 等）では専門教育や学位を評価する傾向はありますが、そうした一部を除いては学位よりも実務経験をより重視する傾向があるようです。業界情報を十分に集めるよう指導してください。

(6)　就職活動では「自分を思い切り褒める」

　就職活動前までは「自分を冷静に見つめ」客観的に分析・判断することが必要ですが、就職活動では「自分を褒める」「自分を売り込む」ことが必要です。自己PRは紙を見ないでもしゃべれるよう、覚えるまで繰り返し練習するよう、生徒・学生を指導してください。特に、自分の欠点については、例えば「優柔不断という欠点もあるが、相手の意見は必ず尊重する」とすぐに答えられる準備をするよう、指導してください。

※　一般的に女性は、自分の職業の未来について消極的に考える傾向があるそうです。「どうせ平社員で終わってしまうわ」と考えている生徒・学生に対しては特に、もっと積極的に社会人生活を評価してみるように指導してみてください。

※　自分の長所・短所について、他の人（友人）に聞いてみることもよい勉強になります。生徒・学生に勧めてみてください。

2.　就職活動の情報収集

(1)　公的機関、民間機関の活用

　参考資料で取り上げているジョブカフェ、学生職業センター、ヤングハローワークといった公的機関でも、若者（主として 29 歳未満）の就業支援に取り組んでいます。高校生の場合は一般のハローワークの学卒部門が担当になります。また、民間職業紹介会社や求人広告企業、新聞・雑誌社、事業主団体など

でも就職活動の支援・セミナーを多数開催しています。

　先生や担当者の方1人（または1部門）で抱えるのではなく、活用できる機関はどんどん活用していくのが、皆にとってよい結果となると思います。

コラム9：「ジョブカフェ」と「学生職業センター（学生職業相談室）」の違い

　「学生職業センター」が大学卒業予定者の求人情報提供（すなわち大学生に対する直接的な就職支援）を主な目的としているのに対し、ジョブカフェは若者全般（主として29歳未満）の仕事全般に対する意識向上を目的としています。ですから、ジョブカフェでは、正社員になりたいフリーターや、何の仕事をしてよいか分からない若者など、いろいろな人を対象としています。

　欲しい情報に合わせて、訪れてみるとよいでしょう。

---

(2)　友人との情報交換

　一人ひとりの活動には限界があります。同じように就職を目指して情報を収集したり就職活動をする友人を通じて、情報を収集することを生徒・学生に勧めてみてください。この際、友人からの情報というのは一方（採用される側）からの情報でしかないという限界には、十分注意する必要があります。また個人の経験がすべてではない場合もあります。

　いずれにせよ、どんな情報でも限界があることは理解する必要があります。

　また、最近ではインターネット掲示板その他でも多くの情報が掲載されています。有効活用できるものです。

　ただし、「大人（OB・OGや先生・就職担当者）との情報交換」も忘れないよう、生徒・学生に対するアドバイスをお願いします。

　生徒・学生の先輩たちから収集した情報を、学校の方で一覧にしておくという方法もあります。

コラム 10：「SPI とは」

SPI とは Synthetic Personality Inventory の略で、直訳すれば総合個人評価ということになるでしょうか。ねらいは個人の総合的能力・性格の適性を図ることにあり、測定領域は能力、行動、意欲、情緒、態度の 5 領域です。

能力適性検査は、知的側面を検査するもので、言語的能力と数学的能力の問題が主流です。「言語的能力検査」は、語彙が豊かであることや文章を的確に理解できるかを測定します。「数学的能力検査」（非言語性能力検査）は、数字をある法則に従って並べたり、図形を展開させるなど言語以外の能力を測定します。

性格適性検査は、「行動的側面」「意欲的側面」「情緒的側面」と「性格的類型」の 4 つの側面からなり、前の 3 つの側面は「達成意欲」「自信性」など 13 に及ぶ尺度が設けられています。例えば「達成意欲」という尺度が高ければ努力より結果を重んじるタイプに見られるし、逆に低ければ結果より努力を重んじるタイプになります。

SPI 試験への対応は、問題に慣れることが大切です。市販されている問題集等でその対策を立てるのは 1 つの方法です。

就職試験・面接で SPI をよく活用する企業もあれば、そうでない企業もあります。傾向は就職活動を行った生徒・学生からの情報収集、インターネットや各情報誌などで収集することになるかと思います。

（3） セミナー、ダブルスクール、資格取得

一部業種では事前の十分な情報や訓練、資格が必須な場合があります。公務員、マスコミなどでは「業界セミナー」や「試験対策」が早くから開講されていますから、早期に情報を集め、生徒・学生に提供できるようにしておく必要があります。

また、社会人として必須（または評価される）能力として、語学（TOEIC）、パソコンなどの資格があります。業種によっては、販売士や秘書検定、簿記などのほか、旅行業務取扱主任者や中小企業診断士、不動産鑑定士など必要とされる（または優遇される）資格もあるでしょう。その他、運動部に在籍していたことなども「体力がある」「我慢強い」「礼儀正しい」とよい方向に取られる

場合があります（柔道初段などの資格もとてもよい資格だと思います）。在学中に資格が取れるものは積極的に取っておきましょう。

例えば、司法書士や行政書士などの勉強をすると法律関係に詳しくなったり、教員試験の勉強をすれば教育学に詳しくなるなど、専攻外の学生にもメリットがあります。実際に司法書士や行政書士の仕事に就かなくとも企業の総務・法務担当になった際に活用できる場合もあるでしょうし、実際に教員にならなくとも専門学校や出版社で教育に関する知識を活用できる場合もあるかもしれません。資格は積極的に取るに越したことはないと思います。

なお、法律関係では「ビジネス実務法務検定」「法学検定」といった民間資格もあります。

1) 大学時代にダブルスクールで公務員になった例

公務員試験の準備については、一部大学ではゼミがありますし、TAC・早稲田公務員セミナー・東京アカデミーなどの民間教育機関も有名です。特に東京周辺の大学ではダブルスクールが普遍的ですし、公務員を目指されている方はこうした情報収集を早めにすることをお勧めします（こうしたゼミや民間教育機関で、同じ志を持つ友人との情報交換も期待することができます）。最近では大学卒業<u>後</u>に民間教育機関（専門学校）に入学するケースも増えているようです。

2) 大学卒業後に専門学校に通って、専門資格を取得した例

福祉機関等で働くために、大学卒業後に再度大学や専門学校に入り直した人たちもいます。社会福祉士、理学療法士、准看護士などいろいろな方がおり、最近ではずいぶん増えているそうです。大学生活や授業・サークル活動などで、自分の進路を決定し、変更した例です。

（福祉の仕事に関する参考ホームページ：http://www.fukushi-work.jp/）

3) 社会人が取得することを想定しているが、大学生でも取得可能な資格

・ビジネスキャリア制度

・ファイナンシャルプランナー

・社会保険労務士

・中小企業診断士

・税務会計能検定

・旅行業務取扱主任者　等

4）　ビジネスに役立つ教育（以下の資格については、情報処理推進機構、日本商工会議所、中央職業能力開発協会、職業能力開発総合大学校、日本能率協会、アイ・イーシー、PHP 研究所などのホームページ等を参考にしてください。）

・簿記検定試験 1 〜 3 級

・基本情報技術者試験

・1 級・2 級技能士

・品質管理（ISO14001）

・経営分析

・営業の基本　等

(4)　OB・OG 訪問は積極的に

　OB・OG 訪問を積極的にしないと大企業には入りにくい、というデータもあります。また、OB・OG 訪問を媒介とした就職活動がよい結果に結びつく理由として、①就職情報源としての「情報伝達機能」、②面接の練習ができる、自己理解が深まるなどの「社会化機能」、③人柄から職場の雰囲気が分かるなどの「シグナル機能」、④OB・OG が事実上の一次選考者になっている「選抜機能」が挙げられています。

　OB・OG は情報提供者であると同時に、企業側の選考機能を持っています。情報はしっかり聞きつつ、礼儀作法やコミュニケーションには十分気をつけるよう、学生を指導してください。

コラム 11：大学・ゼミや知り合いのコネは悪いことではない（大学生向け）

　「コネ」を社会的悪習と考える方々もいらっしゃいますが、関係する方からアドバイスをいただき勉強することは、決して恥ずべきことではありません。その方の働かれている会社・業種がどんなところで、どんな経験や資格が必要で、どういうキャリアを進んでいくか、積極的に聞いてみるよう、学生を指導してください。

第 4 章　就職活動の準備と実際　*63*

(5)　資料請求・説明会は、早めに・積極的に（大学生向け）

　資料請求が早ければ、それだけ担当者に名前を覚えてもらえる可能性も高まるというものです。いずれにせよ、遅くなることだけは避けるために情報収集を継続するよう学生を指導してください。面倒くさがらずに「今日できることは今日する」のが、相手より先んじる第一歩です。

　そしてその際には、可能であれば、はがきやメールによる請求よりも電話で、電話よりも実際に会って会話をすることをおすすめします。（現在はネットが主流ですので、無理をすることはありません。）

　相手が嫌がっているのに無理に電話しろとか無理に会え、という話ではありません。実際に電話で会話できるのならば面倒であっても（緊張しても）電話で会話した方がよいし、実際に面と向かって話ができるならその方がよいということです。実際に会った方が相手に印象が残りますし、相手との会話も事務的でなく進みます。相手に印象を残すという観点と、相手の印象を理解するという両方の観点から、積極的になるよう、学生を指導してください。

　また、インターネット上に企業が載せている企業情報は、企業が自分をよく見せようと書いている部分もあります。インターネット上に就職活動者が書いている企業情報は、その個人がその時に出会った情報を書いている部分もあります。

　どちらも「一部の真実」（場合によっては事実でない場合もある）であって、「すべて」ではありません。必ず自分自信の目や耳で確認するように学生を指導してください。

　せっかくのよい会社（または「悪い会社」）を見落としていたら、もったいないではないですか。

(6)　就職活動（面接）で知り合った友人（ライバル）もよい情報源（大学生向け）

　就職活動で知り合った友人もよい情報源です。同じ会社を受けたということは、類似した企業群の就職活動をしている可能性があります。そして違った情報を持っている可能性があります。

情報は多いほど貴重です（その分、選択が困難になりますが）。友人（ライバル）からも貴重な情報を確保するよう、学生にアドバイスしてください。その際、友人（ライバル）にも情報提供することが情報確保の核となります。

コラム 12：安易に「フリーター」にならせない

　最近では、一度フリーターになった後にフリーターの状態から脱するのは難しくなっていると言われています。また、フリーター経験者は正規職経験者に比べると、正規職に就業しても（平均的に）低い所得しか得ていないという統計もあります。これは（一般的に）フリーター時代は職業能力の向上や資格の取得を進めていない場合が多いことによるもののようです。

　ある調査によれば、フリーターが正規職に応募するに当たって、過去にフリーターであったことをプラスに評価する企業は 3.6%、マイナスに評価する企業が 30.3% だったそうです（残りは「評価にほとんど影響しない」）。

　ですから、これから就職する人はできるだけ正規職に就くように、今フリーターの人で正規職を目指す人は時間を見つけて職業能力の向上や資格の取得を目指すように指導してください（もちろんフリーターから抜け出すことは可能です！）。

3.　履歴書・エントリーシートの書き方と送り方

「履歴書を丁寧に書く」「誤字脱字に気をつける」「修正液は使わない」というのは常識であり当たり前の話ですが、必ずしも皆が丁寧に書いているわけではありません。この辺りの点は繰り返し説明していただいてもよい点だと思います。特に高校生以外では、履歴書を多く書いたり急に書かなければいけない場合もありますので、「余裕のある時に多めに準備しておく」のがよいかもしれません。可能であれば、実際に書いた履歴書などを持って来させて指導するのもよいかと思います。

また、応募先に履歴書等を郵送する際には添え状（カバーレター）をつけます。内容は「別添の書類を送付します」だけでもよいのですが、せっかくなの

でこれを有効活用して「自分を採用する利点」や「自分のアピールポイント」をどんどん書き込むようアドバイスしてください。

　なお、書類送付の際に履歴書等を折って入れてよいか（大きい封筒がよいか小さな定型型封筒でもよいか）という点については、ある調査によれば大多数の会社はこだわっていないようです。もしこだわりのある会社を気にするのであれば大きい封筒で折らずに入れた方がよいでしょうが、基本的には定型型封筒で送ってもよいと考えます。

4.　面　　接

　面接の技術は以下にも書いておきますが、市販の「面接ノウハウ本」や、就職相談室や民間の「面接セミナー」、「模擬面接」等も活用しながら、技術の獲得を支援してください。

　やってみると分かりますが、初めての面接は緊張するものです。しかし、練習することでずいぶんうまくなるものです。生徒・学生のため、是非「模擬面接」は準備してあげてください。

（1）　挨拶は丁寧に、大きな声ではっきりと

　面接の最初と最後には挨拶が必須です。第一印象が重視される傾向があるので、「模擬面接」だけでなく、あらゆる場面で指導してください。

（2）　面接技術

　面接は嘘でごまかしてはいけません。ただし、「不必要なことを言わない」とか「言葉を選択する」という**脚色はむしろ積極的に行うべき**です。技術は必要ですが、技術に走りすぎないようにしてください。

　相手は百戦錬磨の社会人、生徒・学生の知識が浅いことなど百も承知です。その中でも「一生懸命勉強してきたこと」、「誠実であること」、「機転が利くこと」など個々の生徒や学生が見せられる面は多いと思います。

　技術に走ることなく、ただし自分を素直に見せられるよう、「模擬面接」等で

（応募書類　その1）

履　歴　書

平成　　年　　月　　日現在

ふりがな		性別
氏　名		
生年月日	昭和・平成　　年　　月　　日生（満　　歳）	

ふりがな
現住所　〒

ふりがな
連絡先　〒

（連絡先欄は現住所以外に連絡を希望する場合のみ記入すること）

写真をはる位置
（30×40mm）

学歴・職歴	高等学校入学
	平成　　年　　月
	平成　　年　　月
	平成　　年　　月
	平成　　年　　月
	平成　　年　　月
	平成　　年　　月

（継続にはいわゆるアルバイトは含まない）

	資格等の名称	取得年月
資格等		
趣味・特技 校内外の諸活動		
志望の動機		
備考		

全国高等学校統一用紙（文部科学省、厚生労働省、全国高等学校長協会の協議により平成17年度改定）

図4-1　新規高等学校卒業者用応募書類（履歴書）

第4章　就職活動の準備と実際　67

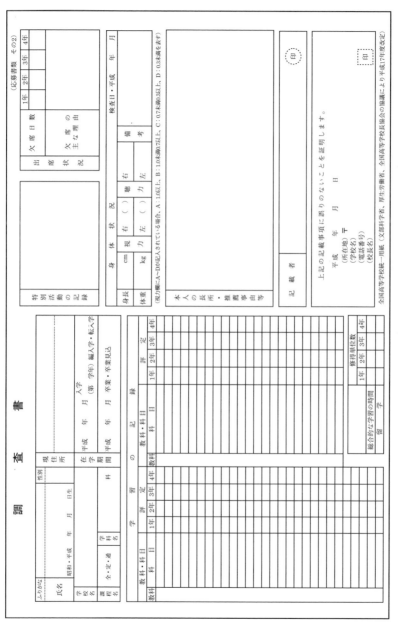

図4-2　新規高等学校卒業者用応募書類（調査書）

履歴書

平成　年　月　日現在

ふりがな	
氏　名	性別

生年月日　昭和　年　月　日（満　歳）

ふりがな	
現住所	〒
	電話番号（　　）

ふりがな	
休暇中の連絡先	〒
	電話番号（　　）

写真をはる位置
（30mm×40mm）

年	月	学　歴・職　歴

（注）黒または青インク、楷書、算用数字を使用

自己紹介書

	大　学	学　部	学　科
得意な科目及び研究課題			
クラブ活動・スポーツ・文化活動等			
自覚している性格			
趣　味			
特　技			
資　格			
志望の動機			

図4-3　新規大学卒業者用標準的事項の参考例

生徒・学生を指導してあげてください。

　もともと口のうまい生徒・学生に対しては、あまりしゃべりすぎないというアドバイスが必要な場合もあるかもしれません。

　ただし、面接技術は重要です。相手に「学生・生徒自信の中身を理解させてあげる」ためには、それ相応の言葉と態度をもって接する必要があります。口べたな人は特に努力する必要があるでしょうし、また口のうまい人は、逆に軽く見られてしまう可能性もありますから、自分が伝えたい情報（自分の能力や性格）をいかに上手に相手に伝えられるかが重要な観点となります。

　少なくとも自分のアピールポイントを明確に準備するよう、指導してください。分かりやすく意欲的・印象的なアピールが良いようです。具体的なエピソードがあるとなお良いようです。市販の「面接ノウハウ本」は本当に貴重なアイデアを提供してくれます。積極的に活用してみてください。

(3)　自分で想定問答をつくる場合は厳しく

　面接想定問答を生徒・学生本人がつくると、どうしても自分に甘くなってしまいます。このため、できる限り模擬面接などで第3者に見てもらうことが重要です。「模擬面接」を是非受けるよう、アドバイスしてください。

　OB訪問などで社会人たる先輩のアドバイスを受けることも効果があります。先生と生徒の間で、仲がよくてナアナアになってしまいそうな時には、他の先生やパーワークの職員にお願いするという方法もあるかと思います。

(4)　志望動機はその会社ごとに的確に、相手に分かりやすく

　その会社に入りたいという熱意と自分の希望を、いかに相手に伝えるかは重要な点です。特に若い方の場合、資格や経歴のような過去の実験よりも「志望動機」、「熱意」、「人となり」のような未来の可能性をよく見られます。志望動機の説明で、熱意も伝えることができます。重視すべき点だと思います。

(5) 自分が企業の担当者を面接する気持ちで

「自分が会社を選びに来た」という気持ちを持つと、緊張に飲まれずにうまく面接ができる場合もあります。企業の担当者は、生徒や学生さんほど緊張していませんが、それでも「わが社にとってよい人材を採る」という気持ちをもって面接に向かっています。「自分が貴社にとってよい人材であることを教えてあげるという気持ちを持てばよい」、「面接者も緊張している」、と生徒・学生にアドバイスしてあげてください。

(6) 時間には早めに到着、質問は積極的に

あまり早いのも何ですが、遅刻は絶対厳禁です。早めに行って、面接場所でトイレを済ますくらいの気持ちでよいと思います。

また、質問すること自体が「積極性」と取られます。急に「質問はありませんか」と聞かれた時に詰まらないように、少なくとも事前にいくつかの一般的な質問は用意しておくように、生徒・学生を指導してください。「貴社の中長期的展望」でもいいですし「入社する前までに学んでおくべきこと」でもよいですし、どこでも使えるような質問をいくつか用意しておくとよいでしょう。もちろん、生徒・学生自身の行きたい会社のことですから、個別に質問を用意しておくのでも構いません。企業を研究した際に出てきた疑問（例えば、企業理念には「国際化」と書いてあるが外国への投資が少ないなど）は、どんどん積極的にぶつけてみてもよいのです。ただし、この際、「あなたはどう思いますか」という質問が返ってくる可能性がありますので、簡単にでも何らかの答えを考えておく必要があるかもしれません。先生や担当者の方のアドバイスのしどころです。

(7) 面接官への返答の前に一呼吸おくと、余裕が持てる

何も返答を1秒でも急いで早口で答える必要はないのです。2、3秒ほど質問を頭の中で要約して（または自分の回答を大雑把にイメージして）話し始めてもよいのです。落ち着いてゆっくり回答した方が、面接官も聞きやすいし、自分も落ち着くことができます。

第4章　就職活動の準備と実際　71

「模擬面接」で慌てる生徒・学生に対しては、「落ち着け」という一般的なアドバイスよりも「深呼吸してごらん」、「人という字を掌に書いてごらん」、「3秒の沈黙は大丈夫だよ」といった具体的なアドバイスが効く場合が多いと思います。

(8)　沈黙は厳禁

就職後の社会人生活や日常生活では、沈黙も1つの有効なコミュニケーション方法ですが、面接で相手から受けた質問や意見については、何らかの回答をした方がよいと思います。一呼吸置いてから「申し訳ありません、分かりません」でもよいでしょうし、「勉強になりました」でもよいでしょう。何らかの回答をするというコミュニケーションをするようにアドバイスしてあげてください。

(9)　面接の失敗を分析しよう

事前準備で失敗したのか（情報不足か？心の準備不足か？）、相手先への連絡の際に失敗したのか（自分の言動か？第一印象か？遅刻か？）、面接本番で失敗したのか（無理な受け答えだったか？慌てたか？）、どういった理由で就職に結びつかなかったのかを分析することは、次の就職活動の際の参考になります。

「失敗」をふり返るのは嫌という生徒・学生も、可能であれば、1回ごとに分析をすることが必要だと思います。生徒・学生と「面接技術」を作りあげていただきたいと思います。

(10)　企業人事を事前に研究するのも方法

企業によっても異なりますが、一次・二次面接は「すそ切り」（悪いほうを一定割合で落とす）、三次以降で本格的に選考が始まるという場合が多いように思います。また、特定の学校・ゼミからの採用のような「ねらい打ち」の例もあります。その企業が過去にどういった採用を行っているのか、先生や担当者の方が事前に調べておくのはとてもよい方法で、必要に応じて生徒・学生にそういった情報を提供すればよいと思います。

また、一般に売られている「企業人事」の入門書を読むのも1つの方法で

す。企業の人事担当者も「よい新入社員」を探すために必死です。そうした情報を生徒・学生に分け与えてあげるのも、先生・就職担当者の方の役目ではないでしょうか。

(11) 企業の面接担当者の意見

会社の面接担当者の話をまとめたインターネットサイトや書籍も出ています。もちろん企業や面接担当者によっても違いますが、企業の面接担当者がどんなところを見ているか、という参考になります。時間があれば積極的に分析してみてください。

(12) 公正な採用選考

採用は「適性」と「能力」のみによって行われなければなりませんが、残念ながら親（保護者）の職業や家庭状況を聞くなど、本人の適性や能力に関係ない質問をする企業も時としてあります。こうした場合は「ルール違反」としてその企業に苦情を申し立てるほか、公共職業安定機関（ハローワーク）に連絡していただくのがよいと思います。

本籍・出生地など本人に責任のない事項、宗教・支持政党など本人の自由であるべき事項については、基本的に「就職差別につながるおそれのある事項」として面接等の際には十分に配慮することが企業に求められています。また、採用前に画一的に健康診断を行うのも、理由がない場合には避けるべきこととされています。採否理由も明確にすることが求められています。

先生・就職担当者の方としても、企業への毅然とした態度、行政（ハローワーク）への連絡につき、ご協力をお願いいたします。

5. 人的ネットワークの獲得

人的ネットワークについては、今まで書いてきたとおりです。親・兄弟・親戚、友人、先生・先輩、企業のOB・OG、（場合によっては中学・高校の先生やセミナーの教官も）ありとあらゆるネットワークをつくり、活用するようア

ドバイスしてください。

6. 採用のルール

(1) 高校卒業者に対する採用のルール

ルールは企業だけでなく学校や生徒も含めて皆が守ることが重要です。皆が対等なスタートに立って、対等な選考を受けることが重要です。

1) 選考日の規制

高校の場合、選考日が明確に規制されています。2018年3月卒業者の場合、推薦開始期日は2017年9月5日以降（沖縄県は2005年8月30日以降）、選考開始期日は2017年9月16日以降（沖縄県も同じ）となっています。この日程や以下にお示しするルールは基本的には毎年同じですが、必要に応じて見直されることとなっています。

2) 家庭訪問の禁止

企業が直接生徒の家庭を訪問することは禁止されています。

3) 学校訪問の規制

卒業年の前年の7月1日以降、ハローワークの確認印のある求人票を持参の上、訪問可能です。ハローワークから求人票を受け取る前に行う情報提供（職種、採用予定人員、推薦依頼数等）のための学校訪問は、ハローワーク発行の受付票を持参することになります。

訪問に当たっては、事前に学校と日程等の調整を図ることが求められます。

4) 文書募集の規制

卒業年の前年の7月1日から実施することができます。なお、7月1日以降に文書募集を行う場合は、次の条件を満たす必要があります。

- ハローワークの確認を受けた求人であって、求人票の記載内容と異なるものでないこと。
- 広告等の掲載に当たっては、ハローワーク名および求人の受付番号を掲載すること。
- 応募者の受付は、学校またはハローワークを通じて行うこと。

○都道府県高等学校就職問題検討会議における申し合わせ等（平成30年3月卒業者の応募・推薦について）

平成29年6月現在

都道府県	平成29年3月卒業者の応募・推薦方法				備考
	① 1人1社制	② 当初から複数可	③ 一定期日後複数可	④ 検討中	
北海道				○	
青森			○		10月中までは1人1社制、11月1日以降1人2社まで応募・推薦を可能とする。
岩手			○		10月中までは1人1社制、11月1日以降1人2社まで応募・推薦を可能とする。（ただし、県外の企業に応募する場合は、応募先の都道府県の応募・推薦の申し合わせを適用する。）
宮城			○		9月中までは1人1社制、10月1日以降1人2社まで応募・推薦を可能とする。（ただし、県外の企業に応募する場合は、応募先の都道府県の応募・推薦の申し合わせを適用する。）
秋田		○			当初から1人3社まで応募・推薦を可能とする。（ただし、県外求人事業所に応募する場合に限る。）
山形			○		9月中までは1人1社制、10月1日以降1人3社まで応募・推薦を可能とする。
福島			○		9月中までは1人1社制、10月1日以降事業主の承諾を得た場合に限り複数の応募・推薦（原則2社）を可能とする。
茨城			○		9月中までは1人1社制、10月1日以降1人2社まで応募・推薦を可能とする。（ただし、就職面接会においては2社以上応募可能とする。）
栃木			○		9月中までは1人1社制、10月1日以降1人2社まで応募・推薦を可能とする。
群馬			○		9月中までは1人1社制、10月1日以降1人2社まで応募・推薦を可能とする。
埼玉			○		9月中までは1人1社制、10月1日以降事業主の承諾を得た場合に限り複数の応募・推薦（原則2社まで）を認める。
千葉			○		9月中までは1人1社制、10月1日以降1人原則2社まで応募・推薦（原則2社まで）を可能とする。
東京			○		9月中までは1人1社制、10月1日以降1人2社まで応募・推薦を可能とする。（ただし、道府県の企業に応募する場合、応募先の都道府県の申し合わせを適用する。）
神奈川			○		9月中までは1人1社制、10月1日以降1人2社まで応募・推薦を可能とする。
新潟			○		10月中までは1人1社制、11月1日以降1人2社まで応募・推薦を可能とする。（ただし、県外の企業に応募する場合、応募先の都道府県の応募・推薦の申し合わせを適用する。）
富山			○		10月中までは1人1社制、11月1日以降1人3社まで応募・推薦を可能とする。（ただし、県外の企業に応募する場合、応募先の都道府県の応募・推薦の申し合わせを適用する。）
石川			○		10月中までは1人1社制、11月1日以降複数応募・推薦を可能とする。
福井			○		9月中までは1人1社制、10月1日以降複数応募・推薦を可能とする。
山梨			○		10月14日までは1人1社制、10月15日以降複数応募・推薦を可能とする。
長野			○		10月15日までは1人1社制、10月16日以降1人2社まで応募・推薦を可能とする。
栃木			○		9月中までは1人1社制、10月1日以降1人2社まで応募・推薦を可能とする。
岐阜			○		10月中までは1人1社制、11月1日以降1人2社まで応募・推薦を可能とする。（ただし、県外の企業に応募する場合は、応募先の都道府県の応募・推薦の申し合わせを適用する。）

都道府県					申し合わせ内容
静岡			○		10月中までは1人1社制、11月1日以降1人3社まで応募・推薦を可能とする。
愛知			○		10月中までは1人1社制、11月1日以降1人2社まで応募・推薦を可能とする。（ただし、県外の企業に応募する場合は、応募先の都道府県の応募・推薦の申し合わせを適用する。）
三重			○		10月中までは1人1社制、11月1日以降1人2社まで応募・推薦を可能とする。
滋賀			○		9月中までは1人1社制、10月1日以降未充足求人に限り1人2社まで応募・推薦を可能とする。
京都			○		10月15日までは1人1社制、10月16日以降1人2社まで応募・推薦を可能とする。
大阪			○		10月中までは1人1社制、11月1日以降1人2社まで応募・推薦を可能とする。
兵庫			○		10月中までは1人1社制、11月1日以降1人2社まで応募・推薦を可能とする。（ただし、県外の企業に応募する場合は、応募先の都道府県の応募・推薦の申し合わせを適用する。）
奈良			○		10月中までは1人1社制、11月1日以降1人2社まで応募・推薦を可能とする。
和歌山			○		9月中までは1人1社制、10月1日以降1人2社まで応募・推薦を可能とする。
鳥取			○		9月中までは1人1社制、10月1日以降1人2社まで応募・推薦を可能とする。
島根			○		10月中までは1人1社制、11月1日以降1人2社まで応募・推薦を可能とする。
岡山			○		9月中までは1人1社制、10月1日以降複数応募・推薦を可能とする。
広島			○		9月中までは1人1社制、10月1日以降複数応募・推薦を可能とする。
山口			○		9月中までは1人1社制、10月1日以降1人2社まで応募・推薦を可能とする。
徳島			○		10月15日までは1人1社制、10月16日以降1人2社まで応募・推薦を可能とする。（ただし、県外の企業に応募する場合は、応募先の都道府県の応募・推薦の申し合わせを適用する。）
香川			○		9月中までは1人1社制、10月1日以降1人2社まで応募・推薦を可能とする。
愛媛			○		9月中までは1人1社制、10月1日以降1人2社まで応募・推薦を可能とする。
高知			○		9月中までは1人1社制、10月1日以降事業所の了解のもと1人2社まで応募・推薦を可能とする。
福岡			○		10月中までは1人1社制、二月1日以降求人者の承諾を得た場合に限り11月1日以降1人2社まで応募・推薦を可能とする。
佐賀			○		10月14日までは1人1社制、10月15日以降複数応募・推薦を可能とする。
長崎			○		10月中までは1人1社制、11月1日以降1人2社まで応募・推薦を可能とする。
熊本			○		10月中までは1人1社制、11月1日以降1人2社まで応募・推薦を可能とする。（ただし、県外の企業に応募する場合は、応募先の都道府県の応募・推薦の申し合わせを適用する。）
大分			○		10月中までは1人1社制、11月1日以降1人2社まで応募・推薦を可能とする。
宮崎			○		10月中までは1人1社制、11月1日以降1人2社まで応募・推薦を可能とする。
鹿児島			○		9月中から1人1社制、10月1日以降1人2社まで応募・推薦を可能とする。（ただし、県外の企業に応募する場合は、「高校生のための就職面接会」を通じての応募は複数応募可能とする。）
沖縄		○			当初から1人3社まで応募・推薦を可能とする。（ただし、県外の企業に応募する場合は、応募先の都道府県の応募・推薦の申し込みの応募は複数応募可能とする。）
合計	0	2	45	0	

5) 利益供与の禁止

企業が生徒、保護者その他の関係者に金品または利便の供与を行うことは禁止されています。

6) 縁故募集の取扱い

縁故就職者は、従来からの傾向として、雇用条件等の十分な情報が得られないことなどにより、職場不適応等を起こす可能性もあることから、ハローワークへ求人申込みを行った後に採用するように要請されています。

7) 就業開始日

卒業式以降に設定しなければなりません。

8) 求人要項（入社／募集案内）の取扱い

企業で作成される求人要項は、ハローワークに申し込まれた求人票の内容では不足しているところを補充し、事業内容、仕事の内容等についての理解を深めるためのものです。ハローワークで確認の捺印を受けた求人票の写しとともに学校へ送付してもよいこととなっています。

求人票記載事項と矛盾するものでないこと、誇大な表現を用いないことが要請されています。

9) 不公正な求人活動を行った場合

不公正な求人活動を行った場合には、次年度の求人票特記事項欄にその事実を記載することになっています。

10) 1人1社制

東京都の場合、東京都高等学校就職問題検討会議が毎年方針を決定しています。「平成29年度については、推薦開始日からは1人1社の応募・推薦とするが、10月1日以降は1人2社まで応募・推薦を認める」こととしています。

比較的多くの自治体で同様のルールを策定していますので、ご確認ください（時期が違う場合もあります）。

(2) 大学等卒業者に対する採用のルール

大学等卒業者については、高校のように企業・教育関係者・行政が一体となったルールはありません。ただし、それぞれの立場から一定のルールがつく

られています。2016年度の場合、企業側は「採用選考に関する指針」を、大学側は「平成29年度大学、短期大学及び高等専門学校卒業予定者に係る就職について（申合せ）」を定め、双方が倫理憲章や申合せを尊重した採用活動、就職の取扱いを行うことで合意しました。また、行政側も「新規学校卒業者の採用に関する指針」を定めています。

　もちろん、大学等卒業者に関しても、対等なスタートに立って、対等な選考を受けられるようにすることが重要であり、企業・学校がそれぞれルールを守ることが求められます。実態・実情を踏まえて、適切に対応していただくようお願いいたします。

2016年9月20日改定

採用選考に関する指針

一般社団法人　日本経済団体連合会

　企業は、2018年度入社の大学卒業予定者・大学院修士課程修了予定者等の採用選考にあたり、下記の点に十分配慮しつつ自己責任原則に基づいて行動する。なお、具体的に取り組む際は、本指針の手引きを踏まえて対応する。

記

1.　**公平・公正な採用の徹底**
　公平・公正で透明な採用の徹底に努め、男女雇用機会均等法、雇用対策法及び若者雇用促進法に沿った採用選考活動を行い、学生の自由な就職活動を妨げる行為（正式内定日前の誓約書要求など）は一切しない。また、大学所在地による不利が生じないよう留意する。

2.　**正常な学校教育と学習環境の確保**
　在学全期間を通して知性、能力と人格を磨き、社会に貢献できる人材を育成、輩出する高等教育の趣旨を踏まえ、採用選考活動にあたっては、正常な学校教育と学習環境の確保に協力し、大学等の学事日程を尊重する。

3. 採用選考活動開始時期

　学生が本分である学業に専念する十分な時間を確保するため、採用選考活動については、以下で示す開始時期より早期に行うことは厳に慎む。

　　広報活動：卒業・修了年度に入る直前の3月1日以降
　　選考活動：卒業・修了年度の6月1日以降

　なお、活動にあたっては、学生の事情に配慮して行うように努める。

4. 採用内定日の遵守

　正式な内定日は、卒業・修了年度の10月1日以降とする。

5. 多様な採用選考機会の提供

　留学経験者に対して配慮するように努める。また、卒業時期の異なる学生や未就職卒業者等への対応を図るため、多様な採用選考機会の提供（秋季採用、通年採用等の実施）に努める。

以上

平成28年9月28日
就 職 問 題 懇 談 会

平成29年度大学、短期大学及び高等専門学校卒業・
修了予定者に係る就職について（申合せ）

　大学、短期大学及び高等専門学校（以下「大学等」という。）は、学生に高い学力と豊かな人間性を身につけさせた上で卒業生・修了生として、グローバル化をはじめ複雑多様化した社会に送り出す社会的使命を負っている。この本来果たすべき使命と責任を十分に認識し、その責務を果たすため、就職・採用活動にあってもその秩序を維持し、正常な学校教育と学生の学修環境を確保することが重要である。

　特に、学生の就職・採用活動の早期化・長期化の是正については、これまで、国公私立大学等で構成する就職問題懇談会において、大学等関係団体の総意として、経済団体等に対し要請を行い、意見交換を重ねた結果、平成27年度卒

業・修了予定者から、広報活動の開始時期を卒業・修了前年度3月に、採用選考活動の開始時期を卒業・修了年度の8月に変更することが合意された。

しかし、平成27年度の就職・採用活動が実施され、その検証を行ったところ、就職・採用活動が結果としてなお長期にわたり、特に卒業・修了年度の1学期における学生の学修時間の確保に支障が生じている実態が伺われたため、経済界から採用選考活動開始時期の見直しを求める声が出てきた。そこで、一般社団法人日本経済団体連合会（以下、経団連）は、大学側の意見も踏まえて学生の学業への妨げにならないよう配慮した上で、平成28年度卒業・修了予定者については、採用選考活動の開始時期を2ヶ月早め、卒業・修了年度の6月とすることを決定した。

さらに、経団連は、平成28年度の就職活動の実態を踏まえ、平成29年度卒業・修了予定者についても同様のスケジュールで実施することを決定した。

大学等としては、時期変更の本来の趣旨を踏まえ、よりよい方策についての更なる検討及び経済界との対話を継続する必要がある。その一方で、現に就職を控えた学生に対しては、経済界との協力の下、引き続き学生の学修時間の確保や留学などの多様な経験を得る機会を確保するとともに、学生が適切な職業選択を行う機会を確保することを責務の一つとして取り組まなければならない。

以上のことから、就職問題懇談会は平成29年度卒業・修了予定者の就職・採用活動について、下記のとおり申し合わせる。また、このような取組に対しては大学等全体として足並みをそろえることが重要であり、各大学等においては、全教職員が協力し、全学的にこれを実行することを再度確認する。

なお、平成30年度以降の卒業・修了予定者の就職・採用活動については、今後検討していくことになるが、今般の時期変更により、学部3年次の授業への出席状況が改善した等の成果が現れていることを十分に踏まえながら経済団体等と意見交換を重ね、議論を積み上げていくこととする。

記

1. 就職・採用活動の円滑な実施について

（1）学生への周知・情報提供

1）学生に対する十分な周知

各大学等は、学生が混乱することのないよう、就職・採用活動時期について、その趣旨を含めて、学生に対して十分に周知する。採用選考活動が授業期

間と重複するスケジュールであることを踏まえ、学生個々の学業と採用選考関係の日程が重複する場合には、採用選考関係の日程調整に関して企業等に相談することも可能であること、留学や教育実習等を希望する際は注意が必要であること等を特に周知し、就職活動が学業を妨げないよう指導する。

　また、就職活動に関して不都合が懸念される場合には、できるだけ早期に企業等に申し入れたり、大学等の就職担当者に相談したりすることが重要であることも、合わせて周知する。

　2)　就職関連情報の積極的な提供について

　学生が進路選択する際の検討に資するため、各大学等の学部・分野別の就職実績等や各大学等の職員採用についての採用方針や採用実績等の就職関連情報の積極的な提供に努める。

(2)　企業等への配慮の要請

　企業等が学期期間中に採用選考活動を実施する場合には、当該活動が学業の妨げとならないよう、以下の配慮を企業等に対して強く求める。

・学生の学修に十分配慮した形での採用選考活動の実施

　　授業、試験、留学、教育実習等と採用選考活動が重複する場合は、学生からの求めに応じ、個別的な採用選考日時の変更など必要な対応を明示的に行うこと。また、土日祝日や平日の夕方の活用も取り入れるなど、学生の学修環境を損なうことのないよう極力柔軟に対応すること。

・採用選考開始日より前に採用選考活動を実施しないよう徹底すること

(3)　就職・採用活動スケジュールに関する留意事項

　1)　「企業説明会」の取扱いについて

　卒業・修了前年度3月1日より前は、学内及び学外で企業等が実施する「企業説明会」に対して会場提供や協力を行わない。なお、「企業説明会」とは「会社説明会」、「学内セミナー」等の名称に関わらず、採用を目的として事前に採用予定数や選考スケジュールなどの採用情報を広く学生に発信するための説明会を指す。

　卒業・修了前年度3月1日以降、「企業説明会」を大学等の協力の下に実施する場合は、参加の有無がその後の選考に影響しないことを学生に対して明示する。また、実施に当たっては、土日祝日や平日の夕方以降の実施など、可能な限り学事日程に配慮する。

第4章 就職活動の準備と実際 *81*

2) 学校推薦の取扱いについて

学校推薦は、卒業・修了年度6月1日以降とすることを徹底する。

3) 正式内定開始について

正式内定日は、卒業・修了年度10月1日以降である旨学生に徹底する。正式内定に至るまでの間においては、複数の内々定の状態が継続しないよう、学生を指導するとともに、9月30日以前の内々定は学生を拘束しないものである旨徹底する。

(4) 初年次からのキャリア教育・職業教育の充実

キャリア教育・職業教育は、就職活動に関する指導とは異なるものである。しかし、学生の職業観や勤労観を涵養し、個々人の個性や適性に応じた職業を学生自ら選択できる能力の育成や学修意欲を高めるために極めて重要であることを踏まえ、初年次からのキャリア教育・職業教育の充実を図る。

キャリア教育の実施に当たっては、前述の「企業説明会」とは明確に区分した上で、幅広く企業等の協力を得つつ、積極的な取組を行う。

2. 就職・採用活動の公平・公正の確保について

(1) 学生の応募書類等について

学生の応募書類は、「大学等指定書類（『履歴書・写真・自己紹介書』、『成績証明書《卒業見込証明書を含む》』）」とし、企業等に対して、就職差別につながる恐れのある項目を含む「会社指定書類」《エントリーシート等を含む》、「戸籍謄（抄）本」、「住民票」等の提出を求めないよう要請する。また、面接においても同様に就職差別につながる恐れのある内容の質問等をしないよう要請する。

(2) 男女雇用機会均等について

就職・採用活動は、男女雇用機会均等法及びその指針の趣旨に則って行われる旨を企業等に徹底するよう要請する。特に、総合職採用における女子学生への配慮を要請する。

(3) 職業の選択の自由を妨げる行為やハラスメント的な行為について必要な
　　人材確保に熱心になるあまり、

1) 広報活動開始前又は広報活動期間中に早期に内々定を行うこと

2) 正式内定開始日前に内定承諾書、誓約書をはじめとした内定受諾の意思

確認書類の提出を求めること

3) 6月1日以降の採用選考時期に学生を長時間拘束するような選考会や行事等を実施すること

4) 自社の内々定と引き替えに、他社への就職活動を取りやめるよう強要すること

等の学生の職業の選択の自由を妨げる行為や、学生の意思に反して就職活動の終了を強要するようなハラスメント的な行為は厳に慎むよう企業等に対して要請する。

また、予め示された必要書類以外のものを選考の最終段階や内々定後に求めることがないように、必要書類を含む採用選考情報をあらかじめ明示することも要請する。

（4）インターンシップについて

インターンシップとは、一般に「学生が在学中に自らの専攻、将来のキャリアに関連した就業体験を行うこと」と捉えられており、その実施にあたっては、「インターンシップの推進に当たっての基　本的考え方」[1]を踏まえ、適切に実施するよう企業等に対して要請する。

そのため、広報活動開始前に「インターンシップ」と称した会社説明会や実質的な採用選考活動とも捉えられるような行事等は慎むよう要請する。

（5）大学等の所在地等への配慮について

大学等の所在地や学生の居住地が遠方である場合などには、それが採用選考において不利とならないよう配慮することを企業等に対して要請する。

3. その他の事項について

（1）各大学等における職員採用の対応について

企業等への就職・採用活動のみならず、各大学等における職員採用においても、今般の就職・採用時期の変更を踏まえた対応を行う。

（2）採用選考活動における評価について

就職・採用活動時期の変更の趣旨を踏まえ、企業等に対し、少なくとも卒業・修了前年度までの学業成果を表す書類（例えば成績証明書や履修履歴等）を選考の早期の段階で取得し、採用面接等において積極的に活用することにより、学生の本分である学業への取組状況を含めて適切に学生を評価することを

求める。

（3） 学生の健康状態への配慮について

採用選考活動の実施時期が梅雨や夏季に当たるため、企業等に対して、学生のクールビズ等への配慮を明示するよう求める。

（4）「申合せ」の内容の周知について

各大学等は、「申合せ」の内容について、学内の教職員はもとより、学生への周知徹底を図り、学生に不安と混乱が生じないよう適切に対応する。

また、企業等に対しても、以下の手段等により、「申合せ」の内容の周知を図る。

1） 学内で企業説明会を実施する企業等への手交

2） 企業等に求人依頼文書を発送する際、「申合せ」又は「申合せ」の内容をまとめた文書の添付

3） その他、メール等による企業等への「申合せ」の内容の遵守に関する直接的依頼

各大学等による企業等への直接的な要請は「申合せ」の趣旨の理解促進に極めて重要であるため、各大学は主体的に上記に取り組み、一層の周知徹底に努める。

　　［1］「インターンシップの推進に当たっての基本的考え方」（平成26年4月8日一部改正　文部科学省、厚生労働省、経済産業省）（抜粋）

インターンシップと称して就職・採用活動開始時期前に就職・採用活動そのものが行われることにより、インターンシップ全体に対する信頼性を失わせるようなことにならないよう、インターンシップに関わる者それぞれが留意することが、今後のインターンシップの推進に当たって重要である。

お問合せ先

文部科学省高等教育局学生・留学生課

（高等教育局学生・留学生課）

登録：平成28年09月

新規学校卒業者の採用に関する指針

(1) 適正な募集・採用計画の立案

学生・生徒にとって、就職は、職業生活の第一歩を踏み出すことになる重要なものであり、就職先の決定に当たっては、慎重な検討と多くの関係者の援助が必要とされるものです。

一方、企業にとっても、新規学校卒業者は、長期的に企業活動を支えることを期待されている人材であり、その採用は重要な意義を持つものです。

このため、事業主は、募集・採用計画の立案に当たり、次の事項について考慮すべきです。

① 事業主は、募集・採用計画の立案に当たっては、毎年の募集・採用数の大幅な変動ができるだけ生じないよう、入職後の人材育成等雇用管理面にも配慮しつつ、中長期的な人事計画等に基づいて、必要な人材を真に必要なだけ採用する方針を確立するよう努めるものとする。

② 事業主は、当該年度の具体的な募集・採用計画の立案に当たり、中長期的な人事計画等の下、企業の人員構成、職場における要員の過不足の状態等を十分見極めた上で、募集・採用計画数を決定するよう努めるものとする。

③ 事業主は、募集・採用計画数の決定に当たり、「若干名」、「○○人以内」等不明確な表現、実際の採用計画数を超えた人数による募集等は避け、採用人数を明確にするよう努めるものとする。

(2) 募集・採用活動

新規学校卒業者の募集・採用活動が無秩序に行われた場合、学生・生徒の学業に支障を生じる外、特定の学校等に求人が集中し、就職の機会が制限される可能性があること及び学生・生徒の就職活動も無秩序化し、重複内定を誘発しやすい環境をつくり出すことといった問題が発生することが懸念されます。

また、企業の募集・採用計画の内容及び募集・採用予定人員は、学生・生徒が就職先を決定するに当たって、重要な判断材料となるものであり、安易な募集の中止又は募集人員の削減は、円滑な就職の妨げとなるものです。

このため、事業主は、募集・採用活動の実施に当たり、次の事項について考慮すべきです。

① 事業主は、募集・採用活動を実施するに当たり、多くの学生・生徒に募集・採用の周知を図り、広く応募の機会が確保されるよう配慮するととも

に、職務内容、労働条件等求人内容の情報を正確に学生・生徒に提供するよう努めるものとする。

② 事業主は、採用選考を行うに当たっては、学生・生徒の適性、能力に基づき適正に実施するよう努めるものとする。

③ 事業主は、募集・採用活動を実施するに当たっては、学生・生徒の就職活動の無秩序化による重複内定が誘発されないためにも、定められた採用選考開始の期日を遵守する等秩序を保つよう努めるものとする。

④ 事業主は、募集の中止又は募集人員の削減を行おうとする場合には、公共職業安定所へあらかじめ通知するものとする。

　ただし、大学、短大、高等専門学校、専修学校、公共職業能力開発施設及び職業能力開発大学校を新たに卒業しようとする者に係る募集人員の削減に係る通知は、これらの募集人員の合計を、当初の募集人員の合計より30人以上かつ3割以上減じようとする場合に限るものとする。

（3）採用内定

採用内定は、学生・生徒にとっては、その企業への採用が保証されたものとして、当該企業を信頼して、他の企業を選択する権利を放棄するものであることから、採用内定は重大な意義を持つものです。

このため、事業主は、採用内定を行うに当たり、次の事項について考慮すべきです。

① 事業主は、採否の結果を学生・生徒に対して明確に伝えるものとする。

② 事業主は、採用内定を行う場合には、確実な採用の見通しに基づいて行うものとし、採用内定者に対しては、文書により、採用の時期、採用条件及び採用内定期間中の権利義務関係を明確にする観点から取消し事由等を明示するものとする。

③ 採用内定は、法的にも、一般には、当該企業の例年の入社時期を就労の始期とする労働契約が成立したと認められる場合が多いことについて、事業主は十分に留意するものとする。

（4）採用内定取消し等の防止

新規学校卒業者に対しての事業主の一方的な都合による採用内定取消し及び入職時期の繰下げは、その円滑な就職を妨げるものであり、特に、採用内定取消しについては対象となった学生及び生徒本人並びに家族に計り知れないほどの打撃と失望を与えるとともに、社会全体に対しても大きな不安を与えるものであり、決してあってはならない重大な問題です。

このため、事業主は、次の事項について十分考慮すべきです。

① 事業主は、採用内定を取り消さないものとする。

② 事業主は、採用内定取消しを防止するため、最大限の経営努力を行う等あらゆる手段を講ずるものとする。

　なお、採用内定者について労働契約が成立したと認められる場合には、客観的に合理的な理由を欠き、社会通念上相当であると認められない採用内定取消しは無効とされることについて、事業主は十分に留意するものとする。

③ 事業主は、やむを得ない事情により、どうしても採用内定取消し又は入職時期繰下げを検討しなければならない場合には、あらかじめ公共職業安定所に通知するとともに、公共職業安定所の指導を尊重するものとする。この場合、解雇予告について定めた労働基準法第20条及び休業手当について定めた同法第26条等関係法令に抵触することのないよう十分留意するものとする。

　なお、事業主は、採用内定取消しの対象となった学生・生徒の就職先の確保について最大限の努力を行うとともに、採用内定取消し又は入職時期繰下げを受けた学生・生徒から補償等の要求には誠意を持って対応するものとする。

第 5 章

就職後について

　生徒・学生の就職後については、先生や就職担当者の方が相談に応じることもなかなか難しくなるかと思いますが、できる限り、

①　就職前（在学中）に「就職後の心構え」を説明する時間を設ける。

②　就職後のフォローアップを行う体制を整備し、そうした体制があるという情報を（生徒・学生本人だけでなく親御さんを含めて）広報する。

等の方法で、「就職後」にも生徒・学生本人自らが（または先生や担当者の方に相談に来ることによって）対応できるような流れを是非つくってください。同窓会やOB・OG会などの活性化も有効かもしれません（大学などの場合、ゼミのOB・OG会などを積極的に開催することを各先生に依頼するという方法もあるかもしれません）。

　もちろんハローワークをはじめとした公的就職支援機関の存在を広報していただくことも、大変結構なことだと思います。

　本章は、私が「社会人として大切」と思うことをランダムに書いていますので、このまま実施していただく必要はありません。先生・担当者の方ご自身が経験したこと・見聞きしたことを踏まえて、生徒・学生に「社会人の心構え」を伝えてあげてください。

1.　入　社　後

（1）　基　　本

基本は以下の3点にまとめられると思います。

①　協力志向・サービス精神を持つこと。

②　前向きな思考を持つこと。

③　原則ルールを大切に（困ったら前例を参考に）。

①協力志向・サービス精神は、新人のうちは雑用をこなすことに始まり、いろいろと人に頼まれた仕事をしていくうちに、仕事にも慣れ人脈もでき、「頼られる」人間になっていくことを指します。

②前向きな思考は、ストレスの多い社会人生活の中では大切なことです。上司の説教も「叱咤」と捉え、失敗も「明日の成功」と捉えがんばりましょう。

③原則ルールは大切です。もし分からないことがあって周りに聞く人がいない状況であったとしても、過去に問題なく行われている前例を参考にするという方法があります。また、挨拶やファッションその他、原則ルールがしっかりしていれば余計な批判や誤解をされることもありません。

先生や就職担当者の方の経験も踏まえて、「最初は我慢も必要だよ」ということを生徒・学生にアドバイスしてあげてください。

(2)　社会人としての自覚を持つ

社会人としての自覚は、以下の5点にまとめられると思います。これは前項の「原則ルールを大切に」の部分に入ってくるものです。

①　自立心を持つ。

②　行動に責任を持つ。

③　約束を守る。時間を守る。

④　他人の考え方・意見を尊重する。

⑤　規律とマナーを守る。

基本的事項ですから一つひとつ説明はしませんが、「一度約束を守らなかったために二度と仕事がもらえなくなる」ということはよくあることです。十分に注意してあげてください。

(3)　新人としての心構え

新人としての心構えとして、基本の3要素を組み合わせた次の3点を指摘したいと思います。

① 挨拶・受け答えは大きな声ではっきりと。

② 雑用は進んで引き受ける。

③ 新人のうちは失敗を恐れない、積極的に質問する。

大きな声ではっきりとしゃべることで、「元気がいい」「表裏がない」と受け取ってもらえ、かわいがってもらえる可能性が高まります。

雑用を引き受けることで、「仕事をよくやっている」「かわいがりがいがある」と受け取ってもらえる可能性が高まります。また、当面は関係ないような雑用もいつかは仕事の役に立つこともあります（役立たなくとも「昔はつらかった」という話のタネにはなります）。また、人脈の形成に「雑用」は意外と役に立つのです。厳しい仕事・つらい仕事をこなせば将来の自信につながるし、将来の部下に対してアドバイスできる、という利点もあります。

また新人のうちは「無知」というのが、社会人全般の共通理解です。この甘えを利用しない手はありません。自分に任された仕事はどんどんやってみて、どんどん質問をして、そうすれば仕事を早く吸収することができます。数年もすると、自分自身が恥ずかしくて人に仕事のやり方を聞けなくなりますし、先輩も教えてくれなくなります。「新入社員のうちに聞けることは聞いておく」ようにする、というのもアドバイスの1つです。

(4) 「かわいげ」も必要

高校の部活動や大学のサークルでもありますが、ある程度生意気に自己主張しても「かわいげ」があると許されることもあるものです。何にでもつっかかっていくのではなく、ただ大人しくしているのではなく、相手が「目をかけたい」と思うようになればしめたものです。

無理に意図的にやる必要はありませんが、人づきあいが苦手な人は多少なりとも意識するとよい、というアドバイスもあり得ます。学校生活においてもあいさつを始めとしたコミュニケーション能力を育てていく必要があります。

(5) モチベーションを持ち続けること

仕事には、「経済性」（給料をもらって生活する）と「社会性」（社会での役割）と「自己実現性」（自分のしたいこと）という3つの側面があります。新入社員の時期にはなかなか「社会性」や「自己実現性」を意識できないけれども、長期的な「自己像」を想像で描きながらがんばれ、というアドバイスをお願いいたします。

その際のコツは「やりがいは自らつくり出すこと」、「現状に甘んじないこと」ではないかと思います。どうすればよりよくなるか、考えながら社会人生活を続けられるよう、ご自身の経験を踏まえながらアドバイスお願いします。

(6) 今の自分に自信がない生徒・学生は、「将来の自分をつくる」気持ちで

新入社員の時期は、知識も経験もなく不安な場合が多いと思います。ましてや上司や先輩に毎日怒られている人は、非常に不安定にもなると思います。

しかし、「新入社員の頃は皆が怒られ、不安だったのだ」というアドバイスができます。先生や就職担当者の方の、「新入社員の時期の失敗談」を踏まえて、アドバイスをしてあげてください。

生徒・学生が、将来の「かっこいい自分」を目指して、日夜勉強を続けるよう、ご指導ください。

(7) 「尊敬できる」、「真似したい」先輩を見つける

「学ぶ」という言葉は「まねぶ」から来ているといいます。仕事の一面としてスキルの習得があるように、よいスキルを持っている人の真似をすることも1つの勉強です。

もちろん個性（性格）によって仕事のやり方に違いがありますから、真似のできるもの・できないものありますが、真似できるものは積極的にするとよいでしょう。そうしたアドバイスもお願いいたします。

第5章　就職後について　*91*

(8)　「仕事」と一口に言うけれど

「仕事」と一口に言いますが、実際にはそれを取り巻くもの全体を含めて「仕事」という傾向があります。例えば、以下のとおりです。

- 仕事をする環境：職場環境（照明や席の配置なども含む）
- 仕事を取り巻く人間関係
- 仕事に対する興味・関心
- 仕事に対する情熱や熱意
- 役割・責任感
- 給与などの労働条件
- 地位・名誉
- 組織風土・組織の構造
- 仕事のやり方
- 仕事と生活とのバランス

ですから、「仕事の改善」もそれぞれいろいろな方法があることになります。「仕事の改善」で悩んだ生徒・学生（卒業生）が来た場合には、こうした部分のどこを改善したいのか、整理してあげるのがよいかもしれません。

(9)　「仕事」と「生活（家庭）」のバランスは刻々と変わる

転勤や結婚、出産・育児や親の介護などによっても仕事と生活のバランスは変わります。極端な例では、友人の転勤や結婚によっても大幅にバランスが変わる人もいるかもしれません。

「仕事をずっと続けよう」、「偉くなりたい」、「仕事は忙しい方がよい」といった仕事に対する考え方も、その都度その都度変わる可能性があります。生徒・学生に対しては、「自分の中に湧き起こった感情自体は否定せずに、どう対処したらよいのか考えなさい」とアドバイスをしてあげてください。

(10)　仕事におけるその時々の「夢」を確認する

「これが実現できたら自分は楽しい」という夢を持つことを、学生・生徒に是非勧めてください。仕事を継続するというモチベーションを維持する上でも重

要です。「やりがいは自らつくり出すもの」であり、先生・就職担当者の方としての最終的なアドバイスとなるかもしれません。

（11） ファッションについて

いわゆる「おしゃれ」とは違いますが、ファッションは相手に「印象」をつくらせます。銀行員や公務員が地味な服を着るのは「地味で落ちついていて、信頼できる感じ」を醸し出すという意味がありますし、ファッション業界ならやはり「おしゃれ」である必要があります。「受付」、「営業」であれば「明るい感じ」、「清潔な感じ」が求められるかもしれません。

また、靴や靴下にも気を遣う必要があります。靴が常にきれいに磨かれていれば「この人は靴にも気を遣う人だ」、「生活がしっかりしている」、「礼儀が正しい」という印象を持たれる場合もあります。

「自分なりのおしゃれを楽しむのとともに、自分の業種や職業に合わせたファッションで、相手側に印象を発信しましょう」というメッセージを生徒・学生に発信してください。

（12） 自分なりの「キャリアプラン」を作成する

就職してしばらくすると、何年後に課長試験があって、何年後に部長試験があってという平均的な昇進像が見えてくると思います。これに合わせて、いつまでに○○という資格を取っておこうだとか、いつからいつまでは英語の勉強に力を入れていつまでに TOEFL 何百点を取ろうだとか、現段階でのキャリアプランを作成することを勧めてみてください。

就職前に、いつ結婚して、いつ子どもをつくって、いつどんな資格をとって、という簡単なものを書かせるのでもよいと思います。

これは（数年後や結婚時や転職後など）時々見直し、時々書き直しながら作成するとよいと思います。民間のキャリア・コンサルタント（※「キャリア・コンサルタント」、「キャリアカウンセリング」については第7章参照）の方の中には、毎年書くことを勧める方もいるくらい有効な方法です。

第5章　就職後について　*93*

（13）　継続は力なり

中卒の7割、高卒の5割、大卒の3割は就職後3年以内に離職すると言われています。ところが転職市場では、新卒3年程度の就職歴は「キャリア」と見なされません。少なくとも5年以上、できれば10年以上の経験があり、重要な仕事を任されていないと「キャリア」とはならないのです。早期退職は「第2新卒」と言われるように、まったく評価してもらえないのです。それどころか「我慢のできない人」というレッテルを貼られかねません。

また、会社の方に聞いても、5年、10年と勤め上げた人はその後も定着する確立が高いのだそうです。もちろん「慣れ」（や「諦め」）というのもあるのかもしれませんが、もうちょっと我慢して継続勤務すれば、会社にとっても個人にとってもよかった、ということも多いように思います。まさに「石の上にも3年」です。

他方、本当にひどい会社であれば早々に辞めて、新たなキャリアを早く築くという方法も、もちろんあります。職業生活の「継続は力なり」というメッセージは、必ず生徒・学生に伝達してあげてください。

（14）　我慢の方法

我慢の仕方は人によりいろいろだと思いますが、方法論を数多く持っている人ほどは我慢の幅と深さが広いことになります。

例えば、「うさばらし」をする時には、お酒を浴びるほど飲む、カラオケに行く、彼女とデートをする、砂浜を思い切り走る、夜の星を見上げる、高価な服を買う、ぐっすり寝る、雑草をむしるなど、いろいろと方法があります。

どうでもいいようなつまらない方法であっても、それがその人に合っている場合もあります。あまり倫理的にひどい方法でない限り、とりあえずはそれを否定しないことがよいでしょう。ベロンベロンになるまで酔っぱらうというのは建設的ではありませんが、有効な方法です。上司に絶対に聞こえないところで言う上司の悪口、というのも悪くはない方法と思います。

また、自分のやり方では効果がなかった時や、「うさばらし」が思い浮かばなかった時には、友人や知人に尋ねてみるのも効果的です。いろいろな方法が

出てくると思います。また、友人や知人がうさばらしにつきあってくれるかもしれません。

「発想の転換」というのも1つの方法です。簡単な例では、上司から怒られた時に「自分は（怒れば伸びる）可能性があるから怒られたのだ」と考えるというものです。または、怖い上司から逃げずに「懐に飛び込む」ことで、自分の味方につけてしまう、ということもあるでしょう。まっすぐに立ち向かうだけが方法でもなければ、逃げるだけが方法でもありません。「どちらの方法もある」ということを頭に入れておけば、対応の幅が拡がります。

学生・生徒に「若いうちは我慢も必要だ」と説明しなければならない機会も多いかと思いますが、「我慢の方法」というのも是非アドバイスお願いします。

(15) 礼儀作法と自己主張

礼儀作法や自己主張の方法を身につけることも大切です。

礼儀作法とはまさに「作法」ですから、これに従っている間は誰に批判されることもありませんが、この「作法」からはずれると「あいつは失礼だ」との批判を受ける場合もあります。

また、自己主張についても相手の心に配慮しないと、せっかくのよい案が受け入れてもらえない場合もあります。そして、時には相手と真っ向から対立することとなっても「自己主張」しなければならない（会社的な理由もあり得るでしょうし、自分の個人的な尊厳に関わる場合もあるでしょう）時も出てくると思います。

そのためにも「礼儀作法（またはソーシャルスキルトレーニング）」と「自己主張（アサーション）トレーニング」は重要な意味を持っています（それぞれの詳細な内容は参考文献を参考にしてください）。積極的に、生徒・学生向けのトレーニングを導入してみてください。

礼儀作法と自己主張トレーニングについては、参照文献に紹介しておきました。是非時間のある時に情報収集・活用してみてください。ここではその他の技術的なものをご案内します。

① リラクゼーション

「緊張」というのは心の働きですが、この心の動きが体にも表れます。ですから緊張が激しい人は筋肉まで凝り固まってしまい、肩こりや胃痛になるのです。

一番簡単な方法は、深呼吸をすることです。ストレッチング（柔軟運動）なども効果があります。ストレッチングをして、ちょっと痛いところで止めて息を吐くという方法で、さらなる効果が得られます。また緊張している筋肉を意図的にさらに緊張させて、そこから緊張をほぐすという方法もあります（興味のある方は「認知行動療法」を調べてみてください）。

また、自律訓練法というリラクゼーション方法もあります。興味のある方はこちらも調べてみるとよいでしょう。

② メンタルヘルス・カウンセリング

学校・企業内にもメンタルヘルス室や心理相談室を置いているところが増えてきました（場合によっては学校・企業外に委託している場合も多くあります）。

「しゃべる」という行為自体のカタルシス効果もあり、効果は決して悪くありません。基本的にはカウンセリング内容は秘密とされていますので、他人の悪口を言うことも可能です。学校や企業の心理相談室の積極活用も呼びかけてください（学校・企業の心理相談室との連携もよいかもしれません）。

（16） ストレスはどうやって判断するか

勤怠（遅刻・早退・欠勤が増える、休みの連絡が無い）、業務（自己やミスが多くなる、業務の効率が低下し残業が多くなる、対人トラブルが起こる）、生活（元気がない、顔色が悪い、報告や会話が少なくなる、服装が乱れる、飲酒の頻度や量が増える）などの面からストレスの増加が判断されます。

もちろん忙しい時に、1日くらい髪を洗わないといったこともあるでしょうが、自分（生徒・学生）自身でも時々「自分は大丈夫か」と意識しておいた方がよいかもしれません。

「会社に通ってみて、遅刻や業務のミスが増えたら、ストレスかもしれない

よ。専門家に相談しなさい」という情報を、生徒・学生に伝えていただいても
よいのかもしれません。

2. 職場での人間関係と対処法

(1) 重要な人間関係

　心理学で有名な「ホーソン実験」というのがあります。シカゴ郊外のウエス
タン・エレクトリック社のホーソン工場は賃金条件もよく、娯楽設備や医療制
度も整備されているのに、従業員の不平不満が多いという問題を抱えていまし
た。この状況について実験的に調査したメイヨー教授は当初「照明」や「労働
条件」「管理監督者」などについて調べましたが、最終的には「人間関係」が大
きなものであると分かりました。

　当たり前のようですが、人間関係は社会生活に大きな影響を与えるもので、
その会社の善し悪しも人間関係によって決まるところがあります。いかによい
人間関係を構築するかを、生徒・学生が自分なりに（自分の性格に合わせて）
勉強・工夫を進めるよう、アドバイスしてあげてください。

(2) 互恵性について

　自分から腹を割って話すと、相手もある程度話してくれる。もちろん個人差
もありますが、こうした傾向を「互恵性」といいます。こちら側を好意を示す
と（一般的には）相手も好意を示してくれる可能性が高くなる。ある程度損を
覚悟でやらないといけない部分もありますが、相手を疑ってばかりでは相手は
心を開いてくれません。少なくとも信頼されたい相手には、心を開くべきで
しょう。

　何らかの際に相手に貸しをつくる、恩を売るということでもよいのです。ほ
んのちょっとの自己開示や譲歩や協力が、過ごしやすい社会人生活をつくれる
場合があります。

第 5 章　就職後について　*97*

(3)　説得や批判では相手は動かない

　人間の心理とは難しいもので、相手に負かされると素直に応じない場合も多いようです。ですから上司の説得の場合でも（場合によっては）「説得」ではなくて（絶対にそうとしか考えられないようなデータを挙げて）相手に意見を言わせたり、「批判」ではなくてアドバイス方式にしたり、といろいろな工夫が必要な場合が出てきます（もちろん、ストレートに言っても理解してくれる上司もいるでしょう）。

　要は「人間関係」であり、「人間の感情」の部分です。相手を説得したり批判したり、相手を負かさなければならない場合には、十分に気をつける必要があります。

　「自己主張（アサーション）トレーニング」や「感受性トレーニング」も効果がある場合があります。巻末の「参考文献」の中の（参考となる文献）を参考にしてください。

(4)　リーダーを目指すもよし、リーダーに協力するもよし

　人によってはリーダーを目指す人もいるでしょうし、性格的にリーダーになりたくないという人もいるでしょう。リーダー格の人のほうが会社での評価が高い場合が多いとは思いますが、それは個人によりどちらでも構わないと思います。ただし、誰がリーダーになるにせよ、リーダーの足は引っ張らないようにする必要があります。

　場合によっては自分（学生・生徒）と相手とでリーダーを争う場合もあるでしょうが、一度相手がリーダーと決まったら、相手を立てる必要があります。「あなたがリーダーの足を引っ張ると、あなたがリーダーになった時に足を引っ張る人が出てくるかもしれないよ」ということは、学生・生徒に対してアドバイスしてあげてください。

(5)　上司は「立て」て「使う」もの

　上司の出番を心得ることが重要です。その役職に見合う仕事の場が適切に提供されていれば、逆に相手に謝りに行く場合も（もちろん怒られるでしょう

が）きちんと対応してくれる場合が多いと思います。

見栄えのするような「上司でなければできない仕事」、「上司がやるとよい仕事」を時々つくって、上司に回すのも1つの社会人の姿勢です。そして上司に好かれる社会人の対処です。

(6)　直属の上司だけでなく、その上の上司のことも考える

社会人にとって、直属の上司が重要なのは言うまでもありませんが、その上の上司も十分に注意して見る必要があります。直属の上司は、その上の上司を見て仕事をしています。ですから、上司に上げる仕事のうち、上司がその上の上司に上げる仕事については、直属の上司とその上の上司との関係をよく見ておかなければなりません。基本的には「上司の上司」の意向に添うような仕事の仕方をする必要があります。

(7)　自分なりの人脈を形成する

仕事のための人脈と、遊びのため・精神安定のための人脈を無理に分けることはありません。ただし、気の合う人ばかりでなく、年配の人を含めいろいろな人とつきあうように努めるようにすることを、積極的にアドバイスする必要があります。

長くつきあってみないと、その人のよさが分からない場合も多いので、頻度は低くとも「長く」つきあうことを心がける必要があります。人脈のための投資も「将来への投資」、「人間への投資」と理解させる必要があります。

3.　キャリアアップ（転職・退職）

(1)　状況の変化と考え方の変化

「自分はバリバリと仕事を続けていきたい」と考えていても、結婚し子どもが生まれれば考え方が変わる場合もあります。「のんびりと仕事をしたい」と考えていたのが、やりがいのある仕事に巡り合ってバリバリ仕事をすることが好きになることもあるでしょう。

第5章 就職後について 99

　過去に考えていた自分のキャリア観も、状況の変化によりどんどん変わります。それを否定するのではなく、肯定的に受け入れながら解決方法を探すよう、アドバイスをお願いします。

(2)　キャリアアップの前に

　基本的に、よい意味でも悪い意味でも「会社はキャリアアップをさせてくれるところである」と考えるのがよいと思います。好きでその会社に継続勤務する場合もそうでしょうし、逆に嫌でその会社を辞める場合でも「得られるもの（知識や技術）は得て」退職すべきと思います。

　「キャリアアップ（退職）の前には、必ずじっくり悩むべし」、「得るものを得てから辞めるべし」ということは、強く生徒・学生に指導してあげてください。

(3)　キャリアアップについて

1)　資格取得（主に大学生向け）

①　MBA

　日本では今まで会社内昇進が主でしたから、技術職などを除いて「資格」はあまり重要視されてきませんでした。近年、MBAなどの資格がもてはやされつつありますが、取得者が増えるにつれ「MBAを持っていること」それ自体の価値が下がり、「MBAを持っていて」そこにプラスして何ができるかということが求められている、ということです。既にアメリカではあまりに多くの人がMBAをとっており、MBA自体の評価が高くなくなっているのだそうです。

②　海外留学

　海外留学にもメリット・デメリットがあります。メリットとして語学力に対する評価などがあるでしょうが、デメリットとして「就職が遅くなる（場合がある）」、「卒業（就職）時期が異なる」、「日本式に合わないという印象を持たれる」などがあると思います。

③　（雇用保険の教育訓練給付制度等を利用した）資格取得：語学その他

　語学能力は重要ですが、他方TOEFL〇〇点という形で実際の形として残ら

ないと評価されにくい傾向があります。他の資格もしかりで、受講すればよい、というものではありません。是非「キャリアアップ」「ステップアップ」を意識して、「自分にはどんな資格が必要か」をよく考えさせることをお勧めします（この雇用保険を利用した「教育訓練給付」は5年に1回しか受けられませんので、本当に必要な資格を優先して受講する必要があります）。（参考 URL：http://www.mhlw.go.jp/kyujin/kyoiku/index.html）

④　資格取得・将来に向けた勉強（投資）について

現段階で会社には評価されなかったとしても（会社を将来辞めるにしても辞めないにしても）、将来のために自己投資を続ける必要があります。皆が持っている資格を、皆が取り終わった時期に取るのでは、あまり意味がありません。自分の夢や目標を自ら作り出して、それに向かって一歩一歩進んでいくよう、アドバイスしてあげてください。

公共機関である高齢・障害・求職者雇用支援機構（および全国の支部）の行う能力開発については、URL：http://jeed.or.jp/js/ で検索することができます。

2)　転　職

本書では必ずしも転職を積極的に奨励するわけではありませんが、もちろん転職もキャリアアップの1つの例です。会社にも慣れ、自分の仕事や会社が見えてきた20代後半〜30代は1つの転職の転機です。ただし、転職するに当たっては「今の会社の中で問題は解決できないのか」、「転職すればどういうメリットがあり、どういうリスクがあるのか」ということを十分に考える必要があります。また、一般論として、親しい人々（家族など）は転職期間の心理的パートナーとして重要な位置を占めるわけですから、親しい人々には（理解を得るために）転職についてよく相談する必要があります。

また、社会的・技術的なことについては、積極的に他の社会人（友人でも構いません）から情報を収集することがよいようです。

第5章　就職後について　*101*

(4)　転職のために

公共機関、民間職業紹介会社それぞれで転職支援を行っています。また、求人情報会社やマスコミでも行っている場合があります。それぞれに短所長所（特徴）がありますので、よく調べた上で積極的に活用するよう、アドバイスしてあげてください。

(5)　転職は必ずしも「キャリアアップ」ではない

転職した場合、企業規模が小さくなったり、賃金が下がったりすることもよくあります。前にも申し上げたとおり社会人は「経済性」と「社会性」と「自己実現性」の3つで成り立っています。その3つのバランスについて、自分の希望をよく検討してみるよう、アドバイスしてあげてください。

「やりたい仕事（自己実現）」を考えて、労働条件（経済性）や地位（社会性）が下がっても気にしない、ということもあり得る、ということです。

(6)　「会社を辞めたい」と思ってもすぐに辞めるのではなく、誰かに相談を

直属の上司でなくとも、誰かに相談することで問題が解決することもあります。誰も問題に思っていることに気がつかない場合もあるのです。

親御さんでもよし、卒業した学校の先生でもよし、就職担当者の方でもよし、誰でもよいから大人（年配）の方に相談してみるよう、アドバイスしてあげてください。

(7)　問題の解決は「二者択一」ではなく、第3の道がないか考える

「辞める」か「辞めないか」ではなく、「今の会社を改善する」方法もあるかもしれません。「転任する」方法もあるかもしれません。

「有名ヘッドハンティング会社」か「親類のコネ」かではなく、公共機関も活用できるかもしれませんし、友人からの情報もあるかもしれません。

その問題にとりつかれている時は、考えが狭くなっている可能性もあります。その問題から一歩距離をとって、「それ以外に解決方法はないか」冷静に考えてみるよう、アドバイスしてあげてください。

（8） 突然の首切り、労働条件などに問題のある会社は行政に相談も

　労働問題に関しては、全国に数百か所ある「総合労働相談コーナー」（http://www.mhlw.go.jp/general/seido/chihou/kaiketu/soudan.html）で無料で相談に応じてくれますので、積極的に活用できます。簡単な相談だけでしたら、電話でも応じてくれます。なお、最終的な問題の解決は、やはり直接窓口を訪問することをお勧めします。進路指導の先生や就職担当者の方が電話で質問されてもよいのですが、最終的には生徒・学生が直接窓口に来るよう、ご指導ください。

第 6 章

現在の労働市場の状況について

労働市場情報については、生徒・学生に提供するというよりも、先生・就職担当者の方が予備知識として知っていればよいかと思います。また、場合によっては、企業の方と話をしたり説得をする時の材料にもなるかもしれません。本章に載っている情報だけでなく積極的に情報収集をし、積極的に活用ください。

近隣のハローワークでもお手伝いができると思います。ハローワークにお尋ねの際には「産業雇用情報がほしい」と言ってください。

1. 新規学卒求人を取り巻く状況

(1) 新規学卒求人の現状

新規学卒求人はここしばらくの好景気の影響で「いい状況」が続いています。高校新卒者の就職内定率（3月末現在）は 2002 年 3 月卒の 89.7％を大きな底、2010 年 3 月卒の 93.9％を小さな底に、2017 年 3 月卒では 99.2％となりました。2010 年 3 月卒では 197,960 人分、2011 年 3 月卒では 194,635 人分であった企業の求人数も、2017 年 3 月卒では 387,308 人分となり、高校卒業生の減少に伴い求人倍率も 2.23 倍まで改善してきました。2017 年 8 月の労働経済動向調査を見ても企業の労働力不足感は強く、当面はこうした状況が続くものと思われます。

大卒求人も同様に近年増加傾向にあるようです。就職活動時期の遵守の問題が最近取り沙汰されていますが、同様に企業の労働力不足感が指摘されているようです。パート・アルバイトの時給アップ、非常勤職員への賞与・退職金

支給などが新たに取り沙汰されているように、好景気を受けて企業側でも労働力確保に苦心しているようで「売り手市場」との認識が強いようです。

(2) 失業率（働きたいけれど働けない人の割合）

2001年以降5%台で推移していた失業率も、2004年辺りから4%台、2013年辺りから3%台となり、2017年からはついに3%も切るようになってきました（2017年8月現在：2.8%（季節調整値））。過去には「失業率3%台で完全就業＝働きたい人がほぼ働いている状態」と言われていますので、失業率2%台は現在の企業の人手不足感をよく顕していると言えます。一方、年齢階級別失業率を見てみると、全ての年齢階級で失業率は下がっているものの、他の年齢階級に比して15～24歳の若年層の失業率が高く（2017年8月現在：4.8%（季節調整値））、引き続き若年層の早期離職が続いていることが予想されます。

(3) 公共職業安定所の有効求人倍率（労働市場の仕事のあるなし）

2017年8月現在の有効求人倍率は1.52倍（求職者1人当たりの求人が1.52

表6-1 地域別の失業率・有効求人倍率

（単位：%、倍）

	失業率 2017年4～6月	有効求人倍率
全国	3.0	1.52
北海道	3.4	1.14
東北	3	1.54
南関東	3.1	1.45
北関東・甲信	2.4	1.61
北陸	2.8	1.79
東海	2.5	1.78
近畿	3	1.44
中国	2.7	1.74
四国	2.9	1.61
九州	3.3	1.43

第6章　現在の労働市場の状況について　*105*

人分）であり、前月と同水準でした。また2016年度平均の有効求人倍率は1.39
倍で、前年度の1.23倍を0.16ポイント上回りました。

　ただ地域ごとに、雇用失業情勢には差があります。地域や業種・職種によっ
ては、他の地域への就職にも目を向けさせる必要があるかもしれません。

(4)　自発的失業者と非自発的失業者

　平成28年の労働力調査をみてみると、非自発的離職者（会社都合で辞めさ
せられた人）が全体で58万人のうち15～24歳は3万人、25～34歳は9万
人、35～44歳が11万人に対し55～64歳は16万人、一方で自発的離職者
（自ら会社を辞めた人）は全体で87万人のうち15～24歳は11万人、25～
34歳は24万人、35～44歳が22万人に対し55～64歳は11万人となってお
り、若い人が自発的に辞めている傾向が見て取れます。いわゆる「若い人」ば
かりでなく近年は中堅でも離転職を行っていることが見て取れます。

(5)　職業別就業者数

　職業別就業者数で見ると、「事務従事者」「専門的・技術的職業従事者」が特

表6-2　職業別就業者数
（単位：万人）

	就業者数
総数	6,465
管理的職業従事者	147
専門的・技術的職業従事者	1,085
事務従事者	1,282
販売従事者	855
サービス職業従事者	805
保安職業従事者	127
農林漁業従事者	217
生産工程従事者	880
輸送・機械運転従事者	218
建設・採掘従事者	299
運搬・清掃・包装等従事者	458

に多く、次に「生産工程従事者」「販売従事者」「サービス職業従事者」が多くなっています。近年「サービス職業従事者」が増加傾向にあるようです。

ただし近年では高卒での事務職採用は減少していますし、「専門的・技術的職業」は工業高校・高等専門学校・専門学校・短大・大学等の理系など一部に偏っているところもありますので、注意が必要です。商業高校から金融系への採用もかなり減少しているようです。

こうしたことも踏まえ、「世の中にはどういう職業が多いのか」「自分がやりたい職業の労働者は多いのか少ないのか」ということを参考程度に見る資料としてください。

(6) 年齢別有効求人倍率

表を見ていただいて分かるとおり、若い方のほうが求人倍率は高いですが、しかし（現在の景気の状況もあり）中高齢者でも一定の求人倍率は確保されています。業種や職種あるいは地域にもよりますし、中途採用の場合は一定の知識・資格や実績なども求められますが、「仕事が全くない訳ではない」ということは理解しておいても良いかもしれません。

表6-3　年齢別有効求人倍率（2017年8月）

	就職機会積み上げ方式	求人数等配分方式
年齢計	2.11	2.11
19歳以下	2.33	10.70
20〜24歳	2.30	2.50
25〜29歳	2.32	1.90
30〜34歳	2.31	1.98
35〜39歳	2.24	1.95
40〜44歳	2.08	1.66
45〜49歳	1.94	1.64
50〜54歳	1.92	2.02
55〜59歳	1.95	2.39
60〜64歳	1.82	1.93
65歳以上	1.97	1.58

（7） 初任給状況

2017年卒の学歴別の産業・企業規模別の初任給（賃金構造基本統計調査：厚生労働省）は以下のとおりです。産業・企業規模のほか、地域や職種によっても多少の違いがあります。

ただ本文でも申し上げたとり単に「賃金が高い」「福利厚生が良い」だけで会社を選ぶのは危険です。仕事の内容や本人のやりがい・生きがいなども踏まえながら選択できるように支援してください。

表6-4　学歴別初任給

（単位：千円）

産業・企業規模別	大学院修士課程修了	大学卒	高専・短大卒	高校卒
産業計	228.5	202.0	175.6	160.9
建設業	228.8	209.7	184.7	168.1
製造業	228.5	202.0	175.4	161.5
情報通信業	228.8	209.0	183.9	163.1
運輸業、郵便業	228.2	189.3	175.9	167.3
卸売、小売業	229.3	201.6	174.2	157.7
金融業、保険業	231.3	201.2	165.1	158.4
学術研究、専門・技術サービス業	228.5	212.2	172.2	158.5
宿泊業、飲食サービス業	199.9	193.0	165.2	155.9
生活関連サービス業、娯楽業	212.8	201.8	166.4	168.4
教育、学習支援業	230.0	199.4	173.8	157.9
医療、福祉	218.6	199.0	179.3	150.7
その他サービス業	237.7	200.0	173.3	159.6
大企業	232.2	205.2	183.3	162.5
中企業	221.1	201.1	176.6	159.6
小企業	222.2	194.9	169.6	161.5

（8） 中途採用者採用時賃金情報

今度は中途採用者の採用時の平均賃金（例は秋田労働局2017年4－6月）です。年度末に1回、各都道府県労働局で作成されているものと思います。当然、転職者の知識や資格、スキル、経験、実績あるいは採用企業の規模や役職、

108

表6-5　中途採用者採用時賃金情報（秋田県）

2017年4～6月 （月額、単位：千円）

性・職業・規模別		年齢別 合計	～19歳	20～24	25～29	30～34	35～39	40～44	45～49	50～54	55～59	60～64	65歳～
男		計	215	153	171	206	215	216	229	232	244	256	215	190
	職業別	専門的・技術的職業	264	*151	173	264	293	309	271	258	273	275	266	202
		事務的職業	293	*150	175	197	225	253	303	347	396	407	244	*188
		販売の職業	197	*151	162	186	197	180	236	228	204	219	207	*152
		サービスの職業	183	*137	164	174	191	185	203	191	193	182	194	181
		保安の職業	158	*157	*156	*168	*166	*166	*168	*146	*145	*156	*144	*134
		運輸・通信の職業	191	*148	172	188	191	198	203	200	191	211	194	160
		生産工程・労務の職業	196	160	177	193	198	196	209	208	200	204	204	195
	規模別	29人以下	197	155	170	189	198	195	211	210	209	207	206	189
		30～99人	203	*147	173	188	200	211	220	215	221	231	199	205
		100～499人	263	153	169	195	249	241	266	292	341	371	318	163
		500人以上	327	*155	*183	334	298	368	*489	*342	*342	320	*230	−
女		計	171	142	156	183	177	168	171	171	172	183	167	132
	職業別	専門的・技術的職業	211	*134	168	226	219	206	220	221	204	205	237	*150
		事務的職業	164	*148	159	165	162	158	158	180	163	227	*120	*114
		販売の職業	145	*141	147	154	137	146	146	147	128	*123	*146	*148
		サービスの職業	160	148	151	159	161	164	157	156	165	185	152	123
		保安の職業	−	−	−	−	−	−	−	−	−	−	−	−
		運輸・通信の職業	142	−	*137	*141	*135	*140	*129	*155	*147	−	*143	*170
		生産工程・労務の職業	133	*132	142	142	139	132	135	123	129	128	122	106
	規模別	29人以下	156	137	153	157	152	157	161	155	166	165	152	127
		30～99人	163	145	152	172	165	163	159	171	152	169	179	152
		100～499人	191	*147	163	194	203	184	193	189	195	221	*225	*128
		500人以上	252	−	176	287	257	218	247	262	*238	214	*201	−

（注）　常用労働者として中途採用された者（新規学卒者含まず）の採用時の賃金の平均値です。
　　　（基本給・定期的に支払われる手当を含み、賞与・時間外手当等を含みません）
　　　＊の表示はデータ件数が10件未満です。

職種等により採用時賃金は異なりますので、あくまで目安としてご利用ください。

(9) 産業別・規模別の現金給与額

採用時の賃金平均である（7）（8）と異なり、従業員全員の平均賃金です。従業員の年齢構成等によっても異なるので、平均賃金の高い産業・企業規模に就職することを勧めるものではなく、あくまで自分が就職した産業・企業規模内での位置を確認するための参考資料としてください。

同窓会などで友人と給料を比較したりすると、どうしても産業間・企業規模間では差があってショックを受ける場合もあると思いますが、もととなるデータを知っていれば誤解も少ないのではないかと思います。

2. 中途採用者を取り巻く現状

以下の資料は秋田労働局のとりまとめ（秋田県内のハローワークのデータ）による、ハローワークの求人の特徴です（学卒用求人ではありません）。地域により異なりますので、各都道府県労働局にご確認ください。

中途退職した卒業生から訪問・相談を受けた場合は、こうした資料を活用し、ぜひハローワーク等の利用をご勧奨ください。

(1) 求人の多い業種・職種

ハローワークで求人が多い業種・職種は以下のとおりです（秋田労働局2017年8月）。事務職は求人もある程度ある代わりに希望する求職者も多く、求人倍率がとても低いことにご留意ください。逆にこの表ではサービス職、建設・土木職、専門職は求人倍率が高く、採用の可能性が高いと言えるかもしれません。

（単位：円）

表 6-6　平均現金給与額（2017年平均）

		計 Total			男 Male			女 Female		
		現金給与総額 Total	きまって支給する給与 Contractual	特別に支払われた給与 Special	現金給与総額 Total	きまって支給する給与 Contractual	特別に支払われた給与 Special	現金給与総額 Total	きまって支給する給与 Contractual	特別に支払われた給与 Special
調査産業計	5人以上	316,567	261,029	55,538	404,424	328,976	75,448	209,155	177,958	31,197
	30人以上	363,338	291,475	71,863	455,258	359,874	95,384	238,406	198,511	39,895
鉱業、採石業、砂利採取業	5人以上	363,534	298,406	65,128	380,673	312,657	68,016	260,419	212,669	47,750
	30人以上	512,074	378,855	133,219	536,291	396,673	139,618	358,174	265,620	92,554
建 設 業	5人以上	376,179	320,466	55,713	401,811	342,000	59,811	239,968	206,032	33,936
	30人以上	466,261	375,011	91,250	488,713	393,158	95,555	311,180	249,662	61,518
製 造 業	5人以上	382,193	305,866	76,327	448,487	355,009	93,478	216,898	183,334	33,564
	30人以上	418,018	326,330	91,688	479,022	370,538	108,484	242,087	198,838	43,249
電気・ガス・熱供給・水道業	5人以上	538,014	433,638	104,376	564,558	454,897	109,661	361,854	292,550	69,304
	30人以上	558,809	453,095	105,714	585,467	474,879	110,588	384,980	311,047	73,933
情報通信業	5人以上	491,335	385,432	105,903	545,606	425,415	120,191	337,219	271,891	65,328
	30人以上	526,195	403,027	123,168	579,196	441,763	137,433	361,538	282,687	78,851
運輸業、郵便業	5人以上	340,450	287,873	52,577	374,505	315,892	58,613	197,874	170,570	27,304
	30人以上	355,921	295,348	60,573	394,357	326,216	68,141	205,292	174,377	30,915
卸売業、小売業	5人以上	274,627	228,508	46,119	380,487	309,087	71,400	168,921	148,046	20,875
	30人以上	313,547	251,325	62,222	452,583	352,830	99,753	185,515	157,854	27,661

第6章　現在の労働市場の状況について　111

金融業, 保険業	5人以上	462,885	350,940	111,945	657,291	484,692	172,599	301,311	239,777	61,534
	30人以上	500,046	374,741	125,305	716,382	522,074	194,308	313,931	247,989	65,942
不動産業, 物品賃貸業	5人以上	363,332	293,696	69,636	426,959	342,318	84,641	241,746	200,784	40,962
	30人以上	390,940	307,499	83,441	468,002	363,721	104,281	252,315	206,363	45,952
学術研究, 専門・技術サービス業	5人以上	449,225	357,843	91,382	521,341	411,035	110,306	294,663	243,840	50,823
	30人以上	513,566	396,067	117,499	568,259	434,181	134,078	352,002	283,477	68,525
宿泊業, 飲食サービス業	5人以上	127,251	119,956	7,295	175,922	162,771	13,151	95,580	92,096	3,484
	30人以上	156,016	143,415	12,601	217,919	196,124	21,795	111,639	105,630	6,009
生活関連サービス業, 娯楽業	5人以上	213,597	192,679	20,918	274,958	242,593	32,365	166,312	154,215	12,097
	30人以上	228,781	201,314	27,467	308,689	264,914	43,775	167,193	152,295	14,898
教育, 学習支援業	5人以上	382,388	296,928	85,460	464,098	356,577	107,521	309,687	243,856	65,831
	30人以上	438,907	336,334	102,673	509,331	386,428	122,903	354,168	276,058	78,110
医療, 福祉	5人以上	293,517	246,370	47,147	412,520	349,655	62,865	254,979	212,922	42,057
	30人以上	339,600	281,576	58,024	453,205	380,740	72,465	293,745	241,550	52,195
複合サービス事業	5人以上	372,791	288,351	84,440	453,330	347,323	106,007	267,383	211,170	56,213
	30人以上	384,008	296,836	87,172	446,800	342,692	104,108	264,606	209,639	54,967
サービス業 (他に分類されないもの)	5人以上	253,026	220,163	32,863	322,241	274,793	47,448	169,077	153,904	15,173
	30人以上	236,901	206,452	30,449	314,615	265,988	48,627	161,419	148,626	12,793

表 6-7　求人の多い業種・職種（秋田労働局 2017 年 8 月）（単位：人）

職種	新規求人数	職種	有効求人数	有効求人倍率
医療、福祉	1,735	サービス	6,216	3.07
卸売業、小売業	1,705	専門	3,285	2.14
宿泊業、飲食サービス業	1,517	販売、営業	2,692	1.95
製造業	1,103	生産工程	2,456	1.34
その他サービス業	970	事務	1,451	0.38
建設業	827	建設・土木	1,076	2.80

(2)　離職者の多い産業

　逆に離職者（事業主都合離職者：雇用保険業務統計より）の多い産業は以下のとおりです（秋田労働局 2016 年度）。景気の状況、産業・職種・地域により異なりますし、就業者が多い産業ではそれだけ離職者も多くなりますので、お住まいの地域について具体的に詳しくお知りになりたい方は各都道府県労働局職業安定部あるいはお近くのハローワークにご確認ください。

表 6-8　離職者の多い産業
（単位：人）

製造業	548
卸売業、小売業	540
建設業	466
医療、福祉	327
宿泊、飲食サービス業	282
その他サービス業	204

第 7 章

キャリア・コンサルティング

1. キャリア・コンサルティングとは

　経済のグローバル化や厳しい企業競争のもと、日本企業もその特徴であった「終身雇用」「右肩上がりの昇進」ができなくなりつつあります。キャリアアップ（昇進や昇給のための転職）は当然ではなくなり、労働者自らがキャリアを戦略的に捉えて行動する必要が生じています。労働者のキャリア形成支援のために、知識や経験、必要な技法などを習得した相談者が、仕事の進め方や資格の取得方法などを指導・助言するのがキャリア・コンサルティングです（新卒の方や定年退職の方向けに、今後の職業生活の進め方を相談するのも、キャリア・コンサルティングの1つの分野です）。

　「仕事（職業）の選択」は、突き詰めれば人生の選択です。自分の適性・能力はどのくらいで、収入がどのくらいほしくて、余暇活動をどのくらいとりたいか、など全体的に見なければなりません。そのために中長期的に資格を取得したり、ある業務を経験したり、と長期展望を立てなければなりません。

　高校・大学の時代にはそこまでは必要ない場合が多いと思いますが、就職相談とは即ちキャリア・コンサルティングであり、人生全体の設計を支援している、という意識を是非お持ちください（先生や担当者の方が、「キャリア・コンサルティング」の本を読んだり講習を受けると参考になる、という意味合いだとご理解ください）。

2. 企業による再就職の斡旋

　従来から日本では（大企業を中心にではありますが）退職後の社員の再就職の面倒を見てきました。また、零細企業でも多くの社長さんが社員の再就職について自分の人脈や金銭をはたいてでも支援するという努力を払ってきました。日本では会社が個人の「面倒を見る」という形で、キャリア・コンサルティングの一部を担っていました。

3. 就職後のキャリア・コンサルティング

　会社「組織」としてはキャリア・コンサルティングの制度を持っていなくとも（規則には定められていなくとも）、個人的に上司がキャリア形成の相談に乗ったり、（総務担当が）配置・休業に配慮してくれる企業は数多くあります。近年では、若年者の定着が多くの企業にとって悩みの種ですから、ある程度の業務実績があれば、ある程度のわがまま（希望）は聞いてもらえます。生徒・学生に対しても「会社でもきっと相談に乗ってくれる」ということは言っていただいてよいと思います（繰り返しになりますが、学校の方でもアフターフォローを是非ご検討ください）。また、ハローワークなどの公共機関も是非ご推薦ください。

　生徒・学生が1人で悩みを抱えて離職する前に、まずは相談できる・信頼できる上司や担当者に相談してみるのもよい方法です。転職だけがキャリア形成ではありません。会社内で資格をとっていくことも1つのキャリア形成ですし、会社内で職種を変わる（部門の変更など）、転勤するなどという方法もあります。

　他方、「転職」「退職」の情報が漏れることで、不利益を被る場合も当然あり得ますので、こうした「転職」「退職」の情報は、まずは信頼できる人に相談し、当面は秘密にするのが原則です。

　もちろん業界情報や転職市場の情報を得るためには、ある程度活動しなけれ

ばなりませんから、こうした情報の公開・管理は非常に難しい問題です。ただ秘密にしておけばよいというのでもなく、辞める側の会社にも仁義を切っておかないと（できる限りの円満退社）、退職した後に嫌がらせを受けることにもなりかねません。この辺りのことも含めて、信頼できる人に相談する必要があります。場合によっては、他社の友人・インターネットの掲示板なども参考になるかもしれませんが、できるだけ職業経歴の長い「大人の人」の意見を聞くことが重要になります。

　大学の就職相談室等で、企業を退職した人事専門家が配置されているような場合には、積極的に広報しておくのも方法でしょう。公共機関でキャリア形成の相談に乗ってくれる場合もあります。

4.　企業内でのキャリア・コンサルティング

　最近ではキャリア・コンサルティングを自前で行う企業もありますし、外部に委託している場合もあります（定年前に行う「ライフプラン教育」のようなものは多くの会社で手がけているようです）。就職した会社のキャリア・コンサルティング制度についてはよく調べておくように、指導してください。思いがけずその会社の留学制度や能力開発制度を見つけるかもしれません。

5.　企業内と企業外のキャリア・コンサルティングの違い

　企業内のキャリア・コンサルティングと、職業紹介会社（ヘッドハンティング会社）の行うキャリア・コンサルティングでは、基本的に目的が異なります。企業内のキャリア・コンサルティングは通常「会社を辞めないように、会社の中で資格やキャリアをいかに発展させていくか」に重きを置くのに対し、職業紹介会社の行うキャリア・コンサルティングは通常「転職を前提に、自分の経歴をうまく見せる（発展させる）ためにはどういった資格をとり、どうキャリアを渡り歩いていくか」ということに重きが置かれます。ですから、何を望んでキャリア・コンサルティングを受けるかによって、それぞれのコンサル

ティングの前提条件（限界）をよく理解しておく必要があります。

6. 自分の実績を相手に伝わるように表現する

　仮に転職をすることとなった場合（就職試験・面接を受ける際）には、当たり前ですが「自分が行ってきた実績をいかに**相手に伝わるように**表現するか」が重要になります。面接者はもちろん辞めた会社の名前や規模も見ますが、それよりも「その人がこれまでしてきた仕事内容」を見ます（有名な企業を離職した人ほど、職務経歴書を簡素に書く傾向があるようです）。

　自分の勤めた会社をPRするのではなくて、自分個人の職務能力や経歴をPRする必要があります。生徒・学生時代に就職活動で培った経験と社会人になって培った実務経験で転職戦線を戦っていくよう、アドバイスしてあげてください。

7. キャリア・コンサルティングの資格

　厚生労働省では、若年者や中高年齢者の問題を含め、近年の構造改革・転職の時代に5万人のキャリア・コンサルタント（キャリアカウンセラー）養成を目指しほぼ達成しました。現在は技能検定と資格登録を2本立てとした「国家資格キャリア・コンサルタント」制度がスタートし、2017年9月末現在で約3万人の国家資格取得者が登録されています。

　当たり前と思っていたことについても、違った視点で意見を聞くことによって目から鱗が落ちるかもしれません。特に本書を読んで「参考になった」という先生・担当者の方には、是非キャリア・コンサルティングの国家資格の取得をお勧めいたします。

第 8 章

就職活動支援の例

　本章では、各学校がどういった工夫をして就職活動を支援しているかを例示しています。必ずしもすべてがよい例というわけではありませんが、参考になりそうなものは積極的に参考にして、情報を収集してみてください。

　これまでの章の繰り返しになりますが、学生・生徒に対しては知識や技術の習得だけを目標とするのではなく、動機づけをして「なぜ仕事に就くのか」「なぜその仕事に就くのか」「その仕事でよいか」「自分の人生はどうありたいか」というところまで悩んでもらえるようにしてください。

　特に大学の場合、ガイダンスとして「就職活動の仕方」等を行ってもどうしても1年生、2年生は参加率が低くなります。必修講義にするなどの工夫が必要かもしれません。OBが毎回毎回社会人生活を語る講義が「人気」という大学もあるようです（ただし、こうしたことを行われる場合には、学生に対して**事前に**「趣旨」と「聴き方」を指導することをお勧めします）。

　また、「職業意識啓発」の前に、学校生活の満足度を上げるような施策を行うことが効果的（学校への信頼などにも影響しますし、本人の積極性にも影響するでしょう）という研究・意見もあります。

　なお、高校にせよ大学にせよ、進路指導の先生や就職担当者の方と、その他の先生・ゼミ教授との連携が重要になります。生徒・学生に対し、全員を対象とするのか、グループを対象とするのか、個人を対象とするのか、いろいろな方法をご検討ください。また、保護者を対象としたセミナーや見学会も効果的ですので、是非ご検討ください。

1. 中学校における工夫の例

(1) 「職業新聞」

総合的な学習の時間や学校行事の取り組みの中で、新聞づくりを採用した例です。2年時に「職業新聞」を作成します。

① 職業に関する学習を行い、各自が興味を持っている職業の特徴や共通点を見つける（自らの職業適性の発見につなげる）。

② これら情報に、自分の考えや意見を添えて「職業新聞」を作成する。

③ 新聞を掲示し、互いに読み合うことで情報の共有化を図る。

④ 書かれた内容についての感想を聞いたり、質問を出し合ったりして、新たな学習へと発展させる。

一連の新聞作成は、「表現力」づくりにも役立ちます。

(2) 校内ハローワーク

自衛官や声優、プロスポーツ選手など様々な分野で活躍する現役社会人から話を聞く「校内ハローワーク」を実施するというものです。

生徒は、

① あらかじめ希望する職業を3つ選ぶ。

② 30分の授業（説明）を受ける。

③ 質問をし、理解を深める。

2. 高等学校における工夫の例

(1) ガイダンス

個別の職業に関するガイダンスを設け、実際にその職業に就いている人や、大学に進学した卒業生に直接話を聞く機会を設けています。

また、簿記などの技能検定も単位に認めています。

(2)　シミュレーション

「総合実践」の授業で、会社シミュレーションを行います。3人1組で会社を立ち上げ、相互の取引で物流を理解させるというわけです。やりとりと同時に、働く姿勢やビジネスマナーも自然と身についていきます。

その他、進路指導の先生が進路新聞を発行しています。

(3)　テーマを設定しての発表

「日本の雇用事情」「働く意義について」「フリーターについて」「少子高齢化について」などのテーマについて、各班で調査しクラスで発表するというものです。

グループ単位で行う職場見学についても、訪問先についての報告会をクラスで開催します。

(4)　インターンシップ

進学希望者も含め、1年生全員にインターンシップを実施しています。

また、PTA と同窓会から講師を募り、職種ごとに分かれて仕事や将来の進路について全校生徒が懇談できる機会を設けています。

(5)　個別相談

1月に未内定者に連絡をとり、個別相談を実施しました。この結果、就職内定率が大幅にアップしました。

進路指導担当の教員の意識改革のために、企業訪問を行い経営者の話を聞きました。また、バスツアーを組み、教員 20 人が企業 5 社を訪問しました。さらに、ハローワーク窓口での職業紹介業務の体験や、求人開拓のための企業回りにも随行しました。

3. 大学における工夫の例

(1) 授業等コース全般の工夫

・1年次：「現代職業概論」（全学生必修）

　地域内外の企業役員を講師に招き、仕事の内容ややりがいについて年15回講義をしています。他の授業と同様に成績を評価します。

・3年次：「就職ガイドブック」の配布

　7月には各学部単位でガイダンスを実施します。

　適宜、就職セミナーを複数回開催します。

　3、4年生全員に企業合同説明会の情報をメール配信します。

・大学に就職相談員（キャリア・コンサルタント）を配置しています。

・事業所に大学のPR冊子を配布し、職員を動員して求人募集を拡大しています。

(2) 講　　義

　講義として「情報技術」「マーケティング」「現代の働く環境」など直接社会人生活に有効な講義のほか、資格取得目的の講義や「ビジネスに生かす文書表現法」「コミュニケーション入門」などの講義を開講しています。その他、就職後を意識した「産業心理学」等の講座も開講しています。1年生を対象に、社会人としての基礎知識を学ぶ集中講義も行います。

　講義「インターンシップ」を実施します。情報収集のやり方やビジネスマナー、社会人の講義などを含め1年間実施し、翌年の実際のインターンシップにつながるように工夫しています。

(3) キャリア形成支援センター

　キャリア形成支援センター（就職相談室）で土日を除く毎日、履歴書添削や模擬面接を受け付けるなど、「門戸を開いて」います。企業がキャリア支援センターに入室できるようにするなど、「オープンな雰囲気」を心がけています。

「就職資料室」も気楽に入室できる雰囲気にし、学生だけでなく企業も利用できるようにしました。各学科の就職担当教員が、決まった時刻・場所で就職相談のために待機する「オフィス・アワー」を設けました。

(4)　初年次ゼミの発足

1年生を対象に、10年先にどんな自分を目指すかという「キャリアデザイン」を支援する基礎ゼミを発足させました。

コラム 13：卒業延期制度（大学）

単位が足りずに卒業できないのではなく、卒業できるけれども「大学に残りたい」という学生の希望に応じた「卒業延期制度」を導入する大学が増えています。学生側としては、「新卒」として就職活動を行いたい、という理由もあるようです。こうした方法を検討することも1つの考えです。

---

(5)　就職ガイダンス

就職ガイダンスを、1、2年時には年2回、3年時からは月1回開催するなど、とにかく回数を開催しています。

また、「卒業生50人と就職の話をする会」を月1回実施しています。

さらに、3年の夏から就職ガイダンスを開始しています。キャリア支援プログラムは3年次からスタートしますが、希望すれば1、2年生から参加可能となっています。1、2年生を対象には、客員講師による「キャリアデザイン論」を開講しています。就職率より就職満足度を大切にしています。

(6)　友人を通した働きかけ

就職相談室の相談票に、仲のよい友人を書かせる欄を追加しています。就職相談室に来所しなくなった学生については、友人の力も借りてきめ細かな支援をしようという配慮を行っているものです。

4. 多くの大学で実施されているプログラムの例

- 就職ガイダンス・セミナー
- 資格試験対策セミナー
- 業界研究セミナー／企業研究セミナー
- Uターン就職ガイダンス
- 採用試験（SPIなど）対策セミナー／模擬採用試験
- 企業見学ツアー
- リクルートファッションセミナー（化粧セミナーなどを含む）
- 履歴書の書き方／エントリーシート対策講座
- ビジネスマナー講座
- 内定者／OB・OG懇談会
- OB・OGの紹介
- 面接対策講座／模擬面接
- グループディスカッション講座／模擬ディスカッション
- プレゼンテーション講座／模擬プレゼンテーション
- 就職サークル（企業講演などの企画・調整を大学生が実施）
- 会社（合同）説明会／会社面接会
- 個別・グループカウンセリング／コンサルティング

　大学の就職相談室（最近では「キャリア形成支援センター」と称するところも増えています）では、就職の年間スケジュールをインターネットなどでオープンにし、学生だけでなく保護者も見られるようにしているところも増えています。是非インターネット上で確認し、参考にしてみてください。

　また、キャリア・コンサルタント（カウンセラー）を導入する大学等も増えています。大学等で直接採用する場合もあるでしょうし、外部委託している場合もあります。

　中学・高等学校では、従来からハローワークの職員による職業講話も行われ

ています。ハローワークを活用されてないところは、是非活用をご検討ください。また、スクールカウンセラーや養護教員等との連携・活用も考えられるかもしれません。

　先生や担当者の方が1人で抱えずに、是非周囲の資料をご活用ください。

参考資料

（1）公的な就職支援機関について

※高校生の就職支援は基本的に管轄のハローワークの学卒部門が担当してくれます。以下は原則として大学・短大・専門学校あるいは既卒者の利用と考えてください。

・新卒応援ハローワーク

「新卒応援ハローワーク」は、就職活動中の学生や卒業後概ね3年以内の方の就職を支援する専門のハローワークです。「ひとりにしない」「あきらめさせない」をコンセプトに、多彩なメニューで就職活動を支援しています。企業の人事経験者やキャリアコンサルタントの有資格者など、多様な経歴を持つジョブサポーターが、就職活動を個別にサポートします。初回：30分程度で支援メニューを案内し、就職活動の状況を確認（予約不要）。2回目以降：担当のジョブサポーターがマンツーマンで支援（予約制）。

新卒応援ハローワークの一覧表

名称	住所	電話番号
札幌新卒応援ハローワーク	北海道札幌市中央区北4条西5丁目　三井生命札幌共同ビル9階	011-233-0222
青森新卒応援ハローワーク	青森県青森市安方1-1-40　青森県観光物産館・アスパム3階	017-774-0220
盛岡新卒応援ハローワーク	岩手県盛岡市菜園1-12-18　盛岡菜園センタービル1階	019-653-8609
仙台新卒応援ハローワーク	宮城県仙台市青葉区中央1-2-3　仙台マークワン12階	022-726-8055
秋田新卒応援ハローワーク	秋田県秋田市御所野地蔵田3-1-1　秋田テルサ3階	018-889-8448
やまがた新卒応援ハローワーク	山形県山形市双葉町1-2-3　山形テルサ1階	023-646-7360
福島新卒応援ハローワーク	福島県福島市曽根田町1-18　MAXふくしま5階	024-529-7649
郡山新卒応援ハローワーク	福島県郡山市駅前2-11-1　ビッグアイ・モルティ4階	024-927-4633
水戸新卒応援ハローワーク	茨城県水戸市水府町1573-1　水戸公共職業安定所付属庁舎1階	029-231-6244
土浦新卒応援ハローワーク	茨城県土浦市真鍋1-18-19　土浦公共職業安定所内	029-822-5124
宇都宮新卒応援ハローワーク	栃木県宇都宮市駅前通り1-3-1　KDX宇都宮ビル1階	028-678-8311

参考資料　*127*

ぐんま新卒応援ハローワーク	群馬県高崎市北双葉町 5-17	027-327-8609
埼玉新卒応援ハローワーク	埼玉県さいたま市大宮区桜木町 1-9-4　エクセレント大宮ビル 6 階	048-650-2234
新卒応援ハローワーク浦和	埼玉県さいたま市南区沼影 1-10-1　ラムザタワー 3 階	048-762-6522
千葉新卒応援ハローワーク	千葉新卒応援ハローワーク 千葉県千葉市美浜区幸町 1-1-3	043-242-1181
ふなばし新卒応援ハローワーク	千葉県船橋市本町 1-3-1　フェイスビル 9 階	047-426-8474
まつど新卒応援ハローワーク	千葉県松戸市松戸 1307-1　松戸ビル 3 階	047-367-8609
東京新卒応援ハローワーク	東京都新宿区西新宿 2-7-1　小田急第一生命ビル 21 階	03-5339-8609
八王子新卒応援ハローワーク	東京都八王子市旭町 10-2　八王子 TC ビル 6 階	042-631-9505
横浜新卒応援ハローワーク	神奈川県横浜市西区北幸 1-11-15　横浜 ST ビル 16 階	045-312-9206
川崎新卒応援ハローワーク	神奈川県川崎市川崎区南町 17-2　ハローワーク川崎内	044-244-8609
新潟新卒応援ハローワーク	新潟県新潟市中央区弁天 2-2-18　新潟 KS ビル 2 階	025-240-4510
富山新卒応援ハローワーク	富山県富山市湊入船町 6-7　サンフォルテ 2 階	076-444-8305
金沢新卒応援ハローワーク	石川県金沢市石引 4-17-1　石川県本多の森庁舎 1 階学卒部門内	076-261-9453
福井新卒応援ハローワーク	福井県福井市開発 1-121-1	0776-52-8170
福井新卒応援ハローワーク 分庁舎	井県福井市西木田 2-8-1　福井商工会議所ビル 1 階	0776-34-4700
甲府新卒応援ハローワーク	山梨県甲府市飯田 1-1-20　山梨県 JA 会館 5 階	055-221-8609
長野新卒応援ハローワーク 分庁舎	長野県長野市新田町 1485-1　もんぜんぷら座 4 階	026-228-0989
長野新卒応援ハローワーク	長野県長野市中御所 3-2-3	026-228-1300
松本新卒応援ハローワーク	長野県松本市深志 1-4-25　松本フコク生命駅前ビル 1 階	0263-31-8600

岐阜新卒応援ハローワーク	岐阜県岐阜市吉野町 6-31　岐阜スカイウィング 37　東棟 2 階	058-264-7550
静岡新卒応援ハローワーク	静岡県静岡市駿河区南町 14-1　水の森ビル 9 階	054-654-3003
浜松新卒応援ハローワーク	静岡県浜松市中区板屋町 111-2　浜松アクトタ ワー 7 階	053-540-0008
愛知新卒応援ハローワーク	愛知県名古屋市中区栄 4-1-1　中日ビル 12 階	052-264-0701
みえ新卒応援ハローワーク	三重県津市羽所町 700　アスト津 3 階	059-229-9591
滋賀新卒応援ハローワーク	滋賀県草津市西渋川 1-1-14　行岡第一ビル 4 階 おうみ若者未来サポートセンター内	077-563-0301
京都新卒応援ハローワーク	京都府京都市南区東九条下殿田町 70　京都テル サ西館 3 階（京都ジョブパーク内）	075-280-8614
大阪新卒応援ハローワーク	大阪府大阪市北区角田町 8-47　阪急グランドビ ル 18 階	06-7709-9455
三宮新卒応援ハローワーク	兵庫県神戸市中央区小野柄通 7-1-1　日本生命三 宮駅前ビル 11 階	078-231-8616
神戸新卒応援ハローワーク	兵庫県神戸市中央区東川崎町 1-1-3　神戸クリス タルタワー 12 階	078-361-1151
奈良新卒応援ハローワーク	奈良県奈良市法蓮町 387　奈良第 3 地方合同庁 舎 1 階ハローワーク奈良内	0742-36-1601
わかやま新卒応援ハローワー ク	和歌山県和歌山市本町 1-22　Wajima 本町ビル 2 階	073-421-1220
鳥取新卒応援ハローワーク	鳥取県鳥取市扇町 7　鳥取フコク生命駅前ビル 1 階	0857-39-8986
松江新卒応援ハローワーク	島根県松江市朝日町 478-18　松江テルサ 3 階	0852-28-8609
おかやま新卒応援ハローワー ク	岡山県岡山市北区本町 6-36　第 1 セントラルビ ル 7 階	086-222-2904
広島新卒応援ハローワーク	広島県広島市中区基町 12-8　宝ビル 6 階	082-224-1120
山口新卒応援ハローワーク	山口県山口市小郡高砂町 1-20	083-973-8080
徳島新卒応援ハローワーク	徳島県徳島市寺島本町西 1-61　徳島駅クレメン トプラザ 5 階	088-623-8010
高松新卒応援ハローワーク	香川県高松市常磐町 1-9-1　しごとプラザ高松内	087-834-8609

愛媛新卒応援ハローワーク	愛媛県松山市湊町 3-4-6 松山銀天街ショッピングビル GET！4 階	089-913-7416
高知新卒応援ハローワーク	高知県高知市大津乙 2536-6 高知公共職業安定所内	088-878-5342
北九州新卒応援ハローワーク八幡	福岡県北九州市八幡西区岸の浦 1-5-10 八幡公共職業安定所内	093-622-6690
北九州新卒応援ハローワーク小倉	岡県北九州市小倉北区浅野 3-8-1 AIM ビル 2 階	093-512-0304
福岡新卒応援ハローワーク	福岡県福岡市中央区天神 1-4-2 エルガーラオフィス 12 階	092-714-1556
佐賀新卒応援ハローワーク	佐賀県佐賀市白山 2-2-7 KITAJIMA ビル 2 階	0952-24-2616
長崎新卒応援ハローワーク	長崎県長崎市川口町 13-1 長崎西洋館 3 階	095-819-9000
くまもと新卒応援ハローワーク	熊本県熊本市中央区水前寺 1-4-1 水前寺駅ビル 2 階	096-385-8240
大分新卒応援ハローワーク	大分県大分市高砂町 2-50 OASIS ひろば 21 B1 階	097-533-8600
宮崎新卒応援ハローワーク	宮崎県宮崎市大塚台西 1-1-39 ハローワークプラザ宮崎内	0985-62-4123
鹿児島新卒応援ハローワーク	鹿児島県鹿児島市東千石町 1-38 鹿児島商工会議所ビル（アイムビル）3 階	099-224-3433
那覇新卒応援ハローワーク	沖縄県那覇市おもろまち 1-3-25 3 階	098-866-8609

・わかものハローワーク

　わかものハローワークは、「就業経験が少ない」「さまざまな事情で離転職を繰り返している」若年者（概ね 44 歳以下）が正社員での就職を目指すことを支援する専門のハローワークです。就職活動に不安があるなど同じ思いを抱えた若年者同士のグループワークである「ジョブクラブ」などの活動も行っています。

わかものハローワークの一覧表

名称	住所	電話番号
札幌わかものハローワーク	北海道札幌市中央区北4条西5　三井生命札幌共同ビル7階	011-233-0202
青森わかもの支援コーナー	青森県青森市中央 2-10-10　ハローワーク青森内	017-776-1561
ハローワーク盛岡菜園庁舎わかもの支援コーナー	岩手県盛岡市菜園 1-12-18　盛岡菜園センタービル2階	019-908-2060
仙台わかものハローワーク	宮城県仙台市宮城野区榴岡 4-2-3　仙台MTビル5階	022-207-6800
秋田わかもの支援コーナー	秋田県秋田市茨島 1-12-16	018-864-4111
米沢わかもの支援コーナー	山形県米沢市金池 3-1-39　米沢地方合同庁舎内	0238-22-8155
福島わかものハローワーク	福島県福島市曽根田町 1-18　MAXふくしま5階	024-529-6626
郡山わかもの支援コーナー	福島県郡山市方八町 2-1-26　ハローワーク郡山1階	024-942-8609
土浦わかものハローワーク	茨城県土浦市大和町 9-3　ウララビル3　501号	029-882-0172
宇都宮わかもの支援コーナー	栃木県宇都宮市駅前通り 1-3-1　フミックスステムビル2階　ハローワーク宇都宮駅前プラザ内	028-623-8609
小山わかものハローワーク	栃木県小山市中央町 3-3-10　ロブレ632　2階	0285-37-7127
群馬わかものハローワーク	群馬県前橋市大渡町 2-3-15	027-256-9321
高崎わかもの支援コーナー	群馬県高崎市北双葉町 5-17	027-327-8609
埼玉わかものハローワーク	埼玉県さいたま市大宮区桜木町 1-9-4　エクセレント大宮ビル4階	048-658-8609
浦和（サテライト）わかもの支援コーナー	埼玉県さいたま市南区沼影 1-10-1　ラムザタワー3階	048-762-6522
川越わかもの支援コーナー	埼玉県川越市豊田本 1-19-8	049-242-0197
熊谷わかもの支援コーナー	埼玉県熊谷市箱田 5-6-2	048-522-5656

所沢わかもの支援コーナー	埼玉県所沢市並木 6-1-3　所沢合同庁舎 1 階	04-2992-8609
松戸わかもの支援コーナー	千葉県松戸市松戸 1307-1　松戸ビル 3 階　ハローワーク松戸内	047-367-8609
柏わかものハローワーク	千葉県柏市柏 4-8-1　柏東口金子ビル 3 階	047-166-8611
新宿わかものハローワーク	東京都新宿区西新宿 1-7-1　松岡セントラルビル 9 階	03-5909-8609
東京わかものハローワーク	東京都渋谷区渋谷 2-15-1　渋谷クロスタワービル 8 階	03-3409-0328
日暮里わかものハローワーク	東京都荒川区西日暮里 2-29-3　日清ビル 7 階	03-5850-8609
横浜わかものハローワーク	神奈川県横浜市中区本町4-40　横浜第一ビル9階	045-227-8609
新潟わかものハローワーク	新潟県新潟市中央区弁天 2-2-18　新潟 KS ビル 1 階	025-240-4510
富山わかものハローワーク	富山県富山市湊入船町 9-1　とやま自遊館 2 階	076-433-1661
金沢わかもの支援コーナー	石川県金沢市鳴和 1-18-42　ハローワーク金沢内	076-253-3032
福井わかもの支援コーナー	福井県福井市開発 1-121-1	0776-52-8158
甲府わかもの支援コーナー	山梨県甲府市住吉 1-17-5　ハローワーク甲府内	055-232-6060
松本わかもの支援コーナー	長野県松本市庄内 3-6-21　ハローワーク松本内	0263-27-0111
岐阜わかもの支援コーナー	岐阜県岐阜市五坪 1-9-1　ハローワーク岐阜内	058-247-3211
岐阜わかものハローワーク	岐阜県岐阜市吉野町 6-31　岐阜スカイウイング 37　東塔 2 階	058-264-7556
浜松わかものハローワーク	静岡県浜松市中区板屋町 111-2　浜松アクトタワー 7 階	053-540-2064
愛知わかものハローワーク	愛知県名古屋市中区栄 4-1-1　中日ビル 12 階	052-264-0601
刈谷わかもの支援コーナー	愛知県刈谷市若松町 1-46-3　2 階	0566-21-5001
わかものハローワークみえ	三重県四日市市西浜田町 12-13	059-325-7000

滋賀わかもの支援コーナー	滋賀県草津市西渋川 1-1-14　行岡第一ビル 4 階　おうみ若者未来サポートセンター内	077-563-0301
京都わかもの支援コーナー	京都府京都市中京区烏丸御池上ル二条殿町 552　明治安田生命京都ビル 1 階	075-256-8609
京都わかものハローワーク	京都府京都市南区東九条下殿田町 70　京都テルサ西館 3 階	075-278-8609
あべのわかものハローワーク	大阪府大阪市阿倍野区阿倍野筋 1-5-1　あべのルシアスオフィス棟 10 階	06-4396-7380
大阪わかものハローワーク	大阪府大阪市北区角田町 8-47　阪急グランドビル 18 階	06-7709-9470
神戸わかもの支援コーナー	兵庫県神戸市中央区相生町 1-3-1　ハローワーク神戸内	078-362-4575
三宮わかものハローワーク	兵庫県神戸市中央区小野柄通 7-1-1　日本生命三宮駅前ビル 1 階	078-231-8606
奈良わかもの支援コーナー	奈良県奈良市法蓮町 387　奈良第 3 地方合同庁舎 1 階ハローワーク奈良内	0742-36-1601
大和高田わかもの支援コーナー	奈良県大和高田市池田 574-6　ハローワーク大和高田内	0745-52-5801
和歌山わかもの支援コーナー	和歌山県和歌山市美園町 5-4-7　ハローワーク和歌山内	073-424-9772
鳥取わかもの支援コーナー	鳥取県鳥取市富安 2-89　ハローワーク鳥取内	0857-23-2021
松江わかもの支援コーナー	島根県松江市向島町134-10　ハローワーク松江内	0852-22-8609
岡山わかもの支援コーナー	岡山県岡山市北区野田 1-1-20　ハローワーク岡山内	086-241-3701
倉敷わかものハローワーク	岡山県倉敷市笹沖 1274-1　ゆめタウン倉敷 駐車場内別館	086-430-0705
広島わかものハローワーク	広島県広島市中区本通 6-11　明治安田生命広島本通ビル 8 階	082-236-8613
下関わかもの支援コーナー	山口県下関市竹崎町 4-4-8　シーモール下関 1 階	083-231-8189
山口わかもの支援コーナー	山口県山口市神田町 1-75　ハローワーク山口内	083-922-0043
徳島わかもの支援コーナー	徳島県徳島市出来島本町 1-5　ハローワーク徳島内	088-622-6305
高松わかもの支援コーナー	香川県高松市常磐町 1-9-1　しごとプラザ高松内	087-834-8609

愛媛わかものハローワーク	愛媛県松山市湊町 3-4-6 松山銀天街ショッピングビル GET！4 階ハローワークプラザ松山内	089-913-7404
高知わかものハローワーク	高知県高知市はりまや町 1-5-1 デンテツターミナルビル 4 階	088-884-8105
福岡わかものハローワーク	福岡県福岡市中央区天神 1-4-2 エルガーラ 12 階	092-726-5700
佐賀わかもの支援コーナー	佐賀県佐賀市白山 2-1-15 ハローワーク佐賀内	0952-24-4362
長崎わかもの支援コーナー	長崎県長崎市川口町 13-1 長崎西洋館 3 階	095-819-9000
熊本わかもの支援コーナー	熊本県熊本市中央区水道町 8-6 朝日生命熊本ビル 1 階	096-211-1233
大分わかもの支援コーナー	宮崎県宮崎市大塚台西 1-1-39 ハローワークプラザ宮崎内	0985-62-4141
霧島わかものハローワーク	鹿児島県霧島市隼人町見次 1229 イオン隼人国分店 2 階	099-564-2251
那覇わかもの支援コーナー	沖縄県那覇市おもろまち 1-3-25 ハローワーク那覇内	098-866-8609

・おしごとアドバイザー（http://oshigoto.mhlw.go.jp/）

　おしごとアドバイザーは、正社員での就職に関する質問や相談を平日夜間 17 時～ 22 時と土日・祝日 10 時～ 22 時の間であれば電話（0120-987-754）で利用できるサービスです（HP 上からのメールは 24 時間受付しています）。「正社員になると何がいいの？」といった素朴な疑問から、「履歴書って鉛筆で書いたらダメ？」といった今さら聞きづらい内容まで、就職や転職に関することなら何でも気軽に相談できます。

・ジョブカフェ

　ジョブカフェは「若年者のためのワンストップサービスセンター」で、その名のとおり若者が自分に合った仕事を見つけるためのいろいろなサービスをすべて無料で受けられます。ジョブカフェでは、各地域の特色を活かして就職セミナーや職場体験、カウンセリングや職業相談、職業紹介などさまざまなサービスを行っています。また、保護者向けのセミナーも実施しています。

ジョブカフェの一覧表

名称	住所	電話番号
ジョブカフェ北海道	北海道札幌市中央区北四条西5　三井生命札幌共同ビル7階	011-209-4510
ジョブカフェ・ジョブサロン函館	北海道函館市梁川町10-25　テーオーデパート6階	0138-31-6060
ジョブカフェ・ジョブサロン旭川	北海道旭川市2条通7　マルカツデパート5階　旭川まちなかしごとプラザ内	0166-26-8808
ジョブカフェ・ジョブサロン釧路	北海道釧路市錦町2-4　釧路フィッシャーマンズワーフMOO2階	0154-24-2122
ジョブカフェ・ジョブサロン帯広	北海道帯広市西二条南12　JR帯広駅エスタ東館2階	0155-26-2130
ジョブカフェ・ジョブサロン北見	北海道北見市北二条西3　ナップスビル1階　ジョブサポートきたみ内	0157-25-1544
ジョブカフェいわて	岩手県盛岡市菜園1-12-18　盛岡菜園センタービル5階	019-621-1171
ジョブカフェみやこ	岩手県宮古市栄町3-35　キャトル5階	0193-64-3513
ジョブカフェ気仙	岩手県大船渡市盛町字二本枠8-6　シーパル大船渡1階	0192-21-3456
ジョブカフェはなまき	岩手県花巻市大通1-3-5　花巻市ビジネスインキュベータ1階	0196-22-3277
ジョブカフェさくら	岩手県北上市芳町2-8　北上地区合同庁舎1階	0197-63-3533
ジョブカフェ久慈	岩手県久慈市川崎町13-1　久慈市勤労青少年ホーム内	0194-53-3344
ジョブカフェ一関	岩手県一関市大町4-29　なのはなプラザ4階	0191-26-3910
いわて☆カシオペア	岩手県二戸市石切所字荷渡6-3　二戸合同庁舎1階	0195-43-3038
ジョブカフェ奥州	岩手県奥州市水沢区横町2-1　水沢メイプル地階　奥州パーソナルサポートセンター内	0197-23-6331
みやぎジョブカフェ	宮城県仙台市青葉区中央1-2-3　仙台マークワン12階	022-264-4510
フレッシュワークAKITA	秋田県秋田市御所野地蔵田3-1-1　秋田テルサ3階	018-889-8448

フレッシュワーク AKITA 南部サテライト	秋田県横手市安田字向田 147　イオン横手店 1 階	0182-35-6005
フレッシュワーク AKITA 北部サテライト	秋田県大館市御成町 3-7-58　いとく大館ショッピングセンター 3 階	0186-44-5100
山形県若者就職支援センター 山形プラザ	山形県山形市双葉町 1-2-3　山形テルサ 1 階	0120-695-018
山形若者就職支援センター 庄内プラザ	山形県酒田市中町 2-5-10　酒田産業会館 1 階	0120-219-766
ふるさと福島就職情報センター福島窓口　ジョブカフェふくしま	福島県福島市三河南町 1-20　コラッセふくしま 2 階	024-525-0047
いばらき就職・生活総合支援センター（ジョブカフェいばらき）	茨城県水戸市三の丸 1-7-41	029-300-1916
日立地区就職支援センター（ジョブカフェひたち）	茨城県日立市幸町 1-21-2　日立商工会議所会館内	0294-27-7172
県南地区就職支援センター（ジョブカフェけんなん）	茨城県土浦市真鍋 5-17-26　土浦合同庁舎内	029-825-3410
県北地区就職支援センター（ジョブカフェけんぽく）	茨城県常陸太田市山下町 4119　常陸太田合同庁舎内	0294-80-3366
県西地区就職支援センター（ジョブカフェけんせい）	茨城県筑西市二木成 615　筑西合同庁舎内	0296-23-3811
鹿行地区就職支援センター（ジョブカフェろっこう）	茨城県鉾田市鉾田 1367-3　鉾田合同庁舎内	0291-34-2061
とちぎジョブモール	栃木県宇都宮市駅前通 1-3-1　フミテックスステムビル 1 階	028-623-3226
群馬県若者就職支援センター（ジョブカフェぐんま）	群馬県高崎市旭町 34-5　高崎駅西口旭町ビル 3 階	027-330-4510
ジョブカフェぐんま　東毛サテライト	群馬県桐生市本町 6-372-2　本町 6 丁目団地 1 階	0277-20-8228
ジョブカフェぐんま　北毛サテライト	群馬県沼田市薄根町 4412　利根沼田振興局 4 階	0278-20-1155
ヤングキャリアセンター埼玉	埼玉県さいたま市南区沼影 1-10-1　ラムザタワー 3 階	048-826-5931
ちば若者キャリアセンター（ジョブカフェちば）	千葉県船橋市本町 1-3-1　フェイスビル 9 階	047-426-8471
東京しごとセンター	東京都千代田区飯田橋 3-10-3	03-5211-1571

東京仕事センター多摩	東京都国分寺市南町 3-22-10　東京都労働相談情報センター国分寺事務所 2 階	042-329-4510
かながわ若者就職支援センター	神奈川県横浜市西区北幸 1-11-15　横浜 ST ビル 5 階	045-410-3357
若者しごと館（ジョブカフェにいがた）	新潟県新潟市中央区弁天 2 丁目 2-28　新潟 KS ビル 2 階	025-240-3013
若者しごと館長岡サテライト（ジョブカフェながおか）	新潟県長岡市大手通 2 丁目 2-6　ながおか市民センター 3 階	0258-38-6181
若者しごと館上越サテライト（ジョブカフェじょうえつ）	新潟県上越市本町 3-4-1　センバンビル 2 階	025-526-3310
ヤングジョブとやま	富山県富山市湊入船町 9-1　とやま自遊館 2 階	076-445-1998
ジョブカフェ石川　金沢センター	石川県金沢市石引 4-17-1　石川県本多の森庁舎 1 階	076-235-4513
ジョブカフェ石川　能登サテライト	石川県七尾市神明町 1　ミナ.クル 3 階	0767-53-7070
ジョブカフェ石川　加賀サテライト	石川県小松市三日市町 18-1　三日市きまっし☆プラザ 2 階	0761-21-2223
ふくい JobCafe	福井県福井市西木田 2-8-1　福井商工会議所ビル 1 階	0776-32-4510
ミニジョブカフェ敦賀	福井県敦賀市三島町 2-1-6　敦賀市男女共同参画センター 3 階	0770-23-5416
ミニジョブカフェ小浜	福井県小浜市大手町 4-1　小浜市働く婦人の家 1 階	0770-52-3542
ジョブカフェやまなし	山梨県甲府市飯田 1-1-20　JA 会館 5 階	055-233-4510
ジョブカフェやまなし　サテライト	山梨県富士吉田市上吉田 2-5-1　富士山駅ビルショッピングセンター Q-STA3 階	0555-72-8803
ジョブカフェ信州　長野分室	長野県長野市新田町 1485-1　もんぜんぷら座 4 階	026-228-0320
ジョブカフェ信州　松本センター	長野県松本市深志1-4-25　松本フコク生命駅前ビル 1 階・2 階	0263-39-2250
ジョブカフェ信州　上田サテライト	長野県上田市大手 2-3-4　東郷堂大手ビル 2 階	0268-23-6710
ジョブカフェ飯田	長野県飯田市大久保町 2534	0265-22-4511
中津川市勤労者総合支援センター	岐阜県中津川市手賀野 172-1	0573-65-0988

しずおかジョブステーション中部	静岡県静岡市駿河区南町 14-1　水の森ビル 3 階　静岡県中部県民生活センター内	054-284-0027
しずおかジョブステーション西部	静岡県浜松市中区中央 1-12-1　県浜松総合庁舎　静岡県西部県民生活センター内	053-454-2523
しずおかジョブステーション東部	静岡県沼津市大手町 1-1-3　沼津商連会館ビル 2 階　静岡県東部県民生活センター内	055-951-8229
ヤング・ジョブ・あいち	愛知県名古屋市中区栄 4-1-1　中日ビル 12 階	052-264-0667
おしごと広場みえ	三重県津市羽所町 700　アスト津 3 階	059-222-3309
ヤングジョブセンター滋賀彦根相談コーナー	滋賀県彦根市元町 4-1　滋賀県湖東合同庁舎	0749-24-1304
おうみ若者未来サポートセンター	滋賀県草津市西渋川 1-1-14　行岡第一ビル 4 階	077-563-0301
京都ジョブパーク	京都府京都市南区東九条下殿田町 70　京都テルサ西館 3 階	075-682-8915
北京都ジョブパーク	京都府福知山市駅前町 400　市民交流プラザふくちやま 4 階	0773-22-3815
さかい JOB ステーション（南サテライト）	大阪府堺市南区桃山台 1-1-1　堺市南区役所 3 階	072-238-4600
JOB ナビすいた	大阪府吹田市片山町 1-1　メロード吹田一番館 2 階	06-6310-5866
ジョブカフェひょうご	兵庫県神戸市中央区東川崎町 1-1-3　神戸クリスタルタワー 12 階	078-366-3731
ならジョブカフェ	奈良県奈良市西木辻町 93-6　エルトピア奈良内	0742-23-5730
ジョブカフェわかやま	和歌山県和歌山市本町 1-22	073-402-5757
とっとり若者仕事ぷらざ	鳥取県鳥取市扇町 7　鳥取フコク生命駅前ビル 1 階	0857-36-4510
よなご若者仕事ぷらざ	鳥取県米子市末広町 311　イオン米子駅前店 4 階	0859-23-4510
くらよし若者仕事ぷらざ	鳥取県倉吉市山根 557-1　パープルタウン 2 階	0858-47-4510
ジョブカフェしまね（松江センター）	島根県松江市朝日町 478-18　松江テルサ 3 階	0120-67-4510
ジョブカフェしまね（浜田ブランチ）	島根県浜田市相生町 1391-8　石見産業支援センター	0120-45-4970

おかやま若者就職支援センター（岡山センター）	岡山県岡山市北区本町 6-36　第一セントラルビル 7 階	086-236-1616
おかやま若者就職支援センター　倉敷相談室	岡山県倉敷市西中新田 620-1　倉敷市市民活動センター 1 階	086-236-1616
おかやま若者就職支援センター　津山相談室	岡山県津山市山下 92-1　津山圏域雇用労働センター 1 階	086-236-1616
わーくわくネットひろしま	広島県広島市中区基町 12-8　宝ビル	082-513-3424
ひろしましごと館　福山サテライト	広島県福山市西町 1-1-1　エフピコ RiM 地下 2 階	084-924-5911
山口県若者就職支援センター	山口県山口市小郡高砂町 1-20	083-976-1145
ジョブカフェとくしま	徳島県徳島市寺島本町西 1-61　徳島駅クレメントプラザ 5 階　とくしまジョブステーション内	088-625-3190
job ナビかがわ	香川県高松市番町 4-1-10　香川県庁東館 4 階	087-832-3900
ジョブカフェ愛work（愛媛県若年者就職支援センター）	愛媛県松山市湊町 3-4-6　松山銀天街 GET！4 階	089-913-8686
ジョブカフェ愛 work　南予ブランチ	愛媛県宇和島市天神町 7-1　愛媛県南予地方局 5 階	089-913-8686
ジョブカフェ愛 work　東予ブランチ	愛媛県西条市喜多川 796-1　東予地方局 4 階商工観光室内	089-913-8686
ジョブカフェこうち　幡多サテライト	高知県四万十市右山五月町 8-13　アピアさつき 1F	0880-34-6860
福岡若年しごとサポートセンター　北九州ブランチ	福岡県北九州市小倉北区浅野 3-8-1　若者ワークプラザ内	093-531-4510
福岡若年しごとサポートセンター	福岡県福岡市中央区天神 1-4-2　エルガーラオフィス 12 F	092-720-8830
福岡若年しごとサポートセンター　筑後ブランチ	福岡県久留米市諏訪野町 2363-9　サンライフ久留米内	0942-33-4435
福岡若年しごとサポートセンター　筑豊ブランチ	福岡県飯塚市吉原町 6-1　あいタウン 2 階市民交流プラザ内	0948-23-1143
若年者就職支援センター（ジョブカフェ SAGA）	佐賀県佐賀市白山 2-2-7　KITAJIMA ビル 2 階	0952-27-1870
フレッシュワーク長崎	長崎県川口町 13-1　長崎西洋館 3 階	095-843-6640
フレッシュワーク佐世保	長崎県佐世保市松浦町 2-21　九十九島ビル 6 階	0956-24-7431

フレッシュワーク大村	長崎県大村市本町 462-1　ファッションビル三原 1 階	0957-47-8001
フレッシュワーク五島	長崎県五島市福江町 7-1　長崎県五島振興局内	096-382-5451
ジョブカフェくまもと	熊本県熊本市中央区水前寺 1-4-1　水前寺駅ビル 2 階	096-382-5451
ジョブカフェおおいた	大分県大分市中央町 3-6-11　ガレリア竹町内	097-533-8878
ジョブカフェおおいた　別府サテライト	大分県別府市中央町 7-8　別府商工会議所 2 階	0977-27-5988
ジョブカフェおおいた　中津サテライト	大分県中津市殿町 1383-1　中津商工会議所内	0979-22-1207
ジョブカフェおおいた　日田サテライト	大分県日田市三本松 2-2-16　日田商工会館 1 階	0973-23-6898
ジョブカフェおおいた　佐伯サテライト	大分県佐伯市内町 1-7　仲町商店街 2 丁目	0972-23-8730
宮崎県就職相談支援センター（ヤング JOB サポート宮崎）	宮崎県宮崎市錦町 1-10　宮崎グリーンスフィア壱番館 3 階	0985-23-7260
ヤング JOB サポート宮崎延岡サテライト	宮崎県延岡市愛宕町 2-15　延岡総合庁舎内	0982-35-2116
鹿児島県若者就職サポートセンター（キャッチワークかごしま）	鹿児島県鹿児島市東千石町 1-38　鹿児島商工会議所（アイム）ビル 3 階	099-216-9001
キャッチワークかごしま　鹿屋サテライト	鹿児島県鹿屋市北田町 3-3　鹿屋市産業支援センター 2 階	0994-36-0061

・サポステ

　地域若者サポートステーション（愛称：「サポステ」）は、「働きたいけど、どうしたら良いか分からない」「働きたいけど、自信が持てず一歩を踏み出せない」など働くことについてさまざまな悩みを抱えている 15 歳～ 39 歳までの若者が就労に向かえるよう、多様な支援サービスでサポートします。サポステは、厚生労働省からの委託を受けた若者支援の実績やノウハウのある NPO 法人、株式会社、社団法人、財団法人、学校法人などが実施しており、全国に設置されています。

サポステの一覧表

名称	住所	電話番号
さっぽろ若者サポートステーション	北海道札幌市中央区南1条東2-6　大通バスセンタービル2号館2階	011-223-4421
はこだて若者サポートステーション	北海道函館市元町14-1	0138-22-0325
あさひかわ若者サポートステーション	北海道旭川市2条通7　マルカツデパート5階	0166-73-9228
くしろ若者サポートステーション	北海道釧路市大通12-1-14　ビケンワークビル3階	0154-68-5102
おびひろ地域若者サポートステーション	北海道帯広市西6条南6-3　ソネビル2階	0155-67-5202
オホーツク若者サポートステーション	北海道北見市美芳町5-2-13　ライズビル1階	0157-57-3136
岩見沢地域若者サポートステーション	北海道岩見沢市4条西5　理光ビル4階	0126-25-0601
とまこまい若者サポートステーション	北海道苫小牧市本町1-1-4　コーポハマナス1階	0144-82-7141
岩見沢地域若者サポートステーション　サテライト会場　江別市活動センター・あい	北海道江別市野幌町10-1　イオンタウン江別2階	011-374-1460
岩見沢地域若者サポートステーション　サテライト会場　野幌公民館	北海道江別市野幌町13-6	011-382-2414
あおもり若者サポートステーション	青森県青森市古川1-15-10　スカイビル2階	017-757-9361
あおもり若者サポートステーション@アスパム	青森県青森市安方1-1-4　アスパム3階　ジョブカフェあおもり内	017-775-5301
ひろさき若者サポートステーション	青森県弘前市土手町134-8　株式会社I・M・S2階	0172-35-4851
はちのへ若者サポートステーション	青森県八戸市大字十三町4-1-1階	0178-51-8582
もりおか若者サポートステーション	岩手県盛岡市盛岡駅前通16-15　保科済正堂ビル4階	019-625-8460
いちのせき若者サポートステーション	岩手県一関市大町4-29　なのはなプラザ4階	0191-48-4467
せんだい若者サポートステーション	宮城県仙台市宮城野区榴岡4-4-10　国伊ビル4階	022-385-5284

石巻若者サポートステーション	宮城県石巻市西山町 6-39　カムロ第 2 ビル 2 号室	0225-90-3671
みやぎ北若者サポートステーション	宮城県大崎市古川駅前大通 1-5-18　ふるさとプラザ 1 階	0229-21-7022
あきた若者サポートステーション	秋田県秋田市御所野地蔵田 3-1-1　秋田テルサ 3 階	018-892-6021
秋田県南若者サポートステーションよこて	秋田県横手市横山町 1-1　すこやか横手 1 階	0182-23-5101
やまがた若者サポートステーション	山形県山形市小荷駄町 2-7　SUN まち内	023-679-3266
置賜若者サポートステーション	山形県米沢市赤芝町字川添 1884	0238-33-9137
庄内地域若者サポートステーション	山形県酒田市中町 2-5-10　酒田産業会館 1 階	0234-23-1777
ふくしま若者サポートステーション	福島県福島市剣町 22-5　2 階	024-563-6222
会津地域若者サポートステーション	福島県会津若松市一箕町大字亀賀藤原 52 ヨークベニマル一箕町店	0242-32-0011
こおりやま若者サポートステーション	福島県郡山市西ノ内 1-21-4　白龍ビル 1 階	024-954-3890
いわき若者サポートステーション	福島県いわき市平字南町 34-3	0246-68-7915
ふくしま県南地域若者サポートステーション	福島県西白河郡西郷村道南西 14-2	0248-21-9730
いばらき若者サポートステーション	茨城県水戸市赤塚 1-1　MIOS　1 階	029-306-7566
いばらき県南若者サポートステーション	茨城県つくば市東新井 28-4　荒井マンション II-C	029-893-3380
いばらき県西若者サポートステーション	茨城県筑西市西方 1790-29	0296-54-6012
とちぎ若者サポートステーション	栃木県宇都宮市駅前通り 1-5-13　サエラビル 3 階	028-612-2341
とちぎ県南若者サポートステーション	栃木県小山市中央町 3-7-1　ロブレ 6 階　小山市立生涯学習センター内	0285-25-7002
とちぎ県北若者サポートステーション	栃木県那須塩原市一区町 105-89	0287-47-5200
ぐんま若者サポートステーション	群馬県前橋市千代田町 2-5-1　前橋テルサ 5 階	027-233-2330

東毛若者サポートステーション	群馬県太田市白浜町 1088-2　太田市勤労青少年ホーム 2 階	0276-57-8222
地域若者サポートステーションさいたま	埼玉県さいたま市大宮区桜木町 1-7-5　ソニックシティビル B1 階	048-650-9898
かわぐち若者サポートステーション	埼玉県川口市川口 3-2-2　川口若者ゆめワーク 3 階	048-255-8680
かすかべ若者サポートステーション	埼玉県春日部市南 1-1-7　東部地域振興ふれあいキューブ 4 階	048-878-9331
深谷若者サポートステーション	埼玉県深谷市西島 4-2-61　ウエストビル 201	048-577-4727
ちば地域若者サポートステーション	千葉県千葉市美浜区幕張西 4-1-10　ちば仕事プラザ内	043-351-5531
いちかわ・うらやす若者サポートステーション	千葉県市川市宝 2-10-18　1 階	047-395-3053
ふなばし地域若者サポートステーション	千葉県船橋市湊町 2-1-2　Y.M.A　Office ビル 5 階	047-437-6003
ちば南部地域若者サポートステーション	千葉県木更津市富士見 1-1-1　たちより館 2 階	0438-23-3711
まつど地域若者サポートステーション	千葉県松戸市小金原 1-19-3　テクノ 21　松戸地域職業訓練センター内	047-703-8301
ちば南東部地域若者サポートステーション	千葉県茂原市道表 1　茂原市役所 9 階	0475-23-5515
かしわ地域若者サポートステーション	千葉県柏市柏下 66-1　柏市勤労会館内	04-7100-1940
ちば北総地域若者サポートステーション	千葉県成田市不動ヶ岡 1113-1　成田勤労会館 2 階	0476-24-7880
しんじゅく若者サポートステーション	東京都新宿区高田馬場 3-8-5　安永ビル 2 階	03-5332-6110
せたがや若者サポートステーション	東京都世田谷区池尻 2-4-5　IID 世田谷ものづくり学校内 3 階	03-5779-8222
いたばし若者サポートステーション	東京都板橋区板橋 3-6-17　SKT 板橋ビル 2 階	03-6915-5731
ねりま若者サポートステーション	東京都練馬区春日町 4-16-9　区立春日町青少年館 3 階	03-5848-8341
あだち若者サポートステーション	東京都足立区千住 1-4-1　東京芸術センタービル 8 階	03-3882-4307
八王子若者サポートステーション	東京都八王子市明神町 2-26-4　アーバンプラザ IZUMI301	042-649-3534

たちかわ若者サポート ステーション	東京都立川市柴崎町 3-14-3　2 階	042-529-3378
ちょうふ若者サポート ステーション	東京都調布市国領町 2-5-15　コクティー 2 階 調布市市民プラザあくろす　多目的室	042-444-7975
多摩若者サポートステー ション	東京都福生市熊川 1712　笠原ビル 401	042-513-0577
よこはま若者サポート ステーション	神奈川県横浜市西区北幸 1-11-15　横浜 ST ビル 3 階	045-290-7234
コネクションズかわさき	神奈川県川崎市高津区溝口 1-6-10　てくのかわ さき 3 階	044-850-2517
さがみはら若者サポート ステーション	神奈川県相模原市緑区橋本 6-2-1　シティ・プラ ザはしもと 6 階　総合就職支援センター内	042-703-3861
湘南・横浜若者サポート ステーション	神奈川県鎌倉市小袋谷 1-6-1　2 階・3 階	0467-42-0203
神奈川県西部地域若者サ ポートステーション	神奈川県小田原市城山 1-6-32　S ビル 2 階	0465-32-4115
神奈川県央地域若者サポー トステーション	神奈川県厚木市中町 2-12-15　アミューあつぎ 7 階　あつぎ市民交流プラザ内	046-297-3067
新潟地域若者サポート ステーション	新潟県新潟市中央区弁天 2-2-18　新潟 KS ビル 2 階　ときめきしごと館内	025-255-0099
長岡地域若者サポート ステーション	新潟県長岡市今朝白 1-10-12　2 階	0258-86-7730
三条地域若者サポート ステーション	新潟県三条市桜木町 12-38　三条ものづくり拠 点施設内	0256-32-3374
下越地域若者サポートステー ション　村上常設サテライト	新潟県村上市瀬波上町 4-1　村上市勤労青少年 ホーム内	0254-50-1553
下越地域若者サポートステー ション（ヤングジョブしばた）	新潟県新発田市中央町 1-2-1　渡辺ビル 1 階	0254-28-8735
上越地域若者サポートス テーション	新潟県上越市寺町 2-20-1　上越市福祉交流プラ ザ内	025-524-3185
三条地域若者サポートステー ション　佐渡サテライト	新潟県佐渡市真野新町 489　佐渡市真野行政サー ビスセンター 2 階	0259-67-7367
富山県若者サポートステー ション	富山県富山市湊入船町 9-1　とやま自遊館 2 階	076-445-1998
高岡地域若者サポートス テーション	富山県高岡市駅南 1-1-18　中野ビル 3 階	0766-24-4466
にいかわ若者サポートス テーション	富山県黒部市新牧野 103　ファーストビル 3 階	0765-57-2446

若者サポートステーション石川	石川県金沢市石引 4-17-1　石川県本多の森庁舎 1 階	076-235-3060
ふくい若者サポートステーション	福井県福井市光陽 2-3-22　福井県社会福祉センター 1 階	0776-21-0311
ぐんない若者サポートステーション	山梨県富士吉田市上吉田 2-4-19　福久澄ビル 2 階	0555-23-0080
やまなし若者サポートステーション	山梨県中央市若宮 49-7	055-244-3033
ながの若者サポートステーション	長野県長野市南長野新田町 1482-2　ロン都新田町ビル 1 階	026-213-6051
若者サポートステーション・シナノ	長野県上田市大手 2-3-4　東郷堂大手ビル 2 階	0268-75-2383
しおじり若者サポートステーション	長野県塩尻市広丘原新田 282-2	0263-54-6155
岐阜県若者サポートステーション	岐阜県岐阜市橋本町 1-10-1　アクティブ G　2 階	058-216-0125
静岡地域若者サポートステーション	静岡県静岡市清水区島崎町 223　清水テルサ 2 階	054-351-7555
地域若者サポートステーションはままつ	静岡県浜松市中区中央 1-13-3　浜松市若者コミュニティプラザ内	053-453-8743
しずおか東部若者サポートステーション	静岡県三島市本町 12-4　小林ビル 2 階・3 階	055-943-6641
若者サポートステーションかけがわ	静岡県掛川市杉谷南 1-1-30　希望の丘中部ふくしあ 1 階	0537-61-0755
がまごおり若者サポートステーション	静岡県蒲郡市元町 9-9	0533-67-3201
なごや若者サポートステーション	愛知県名古屋市北区柳原 3-6-8　ユースクエア名古屋市青少年交流プラザ内	052-700-2396
名古屋市青少年宿泊センターサテライト相談	愛知県名古屋市緑区大高町字蝮池 4-6	052-624-4401
とよはし若者サポートステーション	愛知県豊橋市牟呂町字東里 26　豊橋市青少年センター内	0532-48-7808
いちのみや若者サポートステーション	愛知県一宮市栄 3-1-2　i-ビル 6 階一宮市ビジネス支援センター内	0586-64-6349
ちた地域若者サポートステーション	愛知県半田市広小路町 155-3　クラシティ半田 3 階	0569-89-7947
春日井若者サポートステーション	愛知県春日井市中央通 1-88　駅前第 3 共同ビル 4 階	0568-37-1583

安城若者サポートステーション	愛知県安城市南町 15-26	0566-95-3137
若者就業サポートステーション・みえ	三重県津市羽所町 700　アスト津 3 階	059-271-9333
北勢地域若者サポートステーション	三重県四日市市諏訪栄町 3-4　星座ビル 2F	059-359-7280
いせ若者就業サポートステーション	三重県伊勢市岩淵 1-2-29　いせ市民活動センター北館 1 階事務所内	0596-63-6603
いが若者サポートステーション	三重県伊賀市上野中町 2976-1　上野ふれあいプラザ 3 階	0595-22-0039
大津若者サポートステーション	滋賀県大津市京町 3-5-12　第 6 森田ビル 6 階	077-522-8555
彦根サテライト	滋賀県彦根市元町 4-1　湖東合同庁舎 1 階　ヤングジョブセンター滋賀・彦根相談コーナー内	077-563-0366（草津）
滋賀県地域若者サポートステーション	滋賀県草津市西渋川 1-1-14　行岡第一ビル 4 階　おうみ若者サポートセンター内	077-563-0366
京都若者サポートステーション	京都府京都市中京区東洞院通六角下ル御射山町 262　京都市中京青少年活動センター 2 階	075-213-0116
北京都若者サポートステーション	京都府福知山市駅前町 400　市民交流プラザふくちやま 4 階	0773-22-3816
宇治（京都南）若者サポートステーション	京都府宇治市小倉町西浦 82-27　丸善ビル 2 階 7 号室	0774-28-5223
大阪市若者サポートステーション	大阪府北区梅田 1-2-2-400　大阪駅前第 2 ビル 4 階	06-6344-2660
大阪府若者サポートステーション	大阪府大阪市中央区北浜東 3-14　エル・おおさか 2 階、3 階	06-4794-9198
堺市若者サポートステーション	大阪府堺市堺区熊野町東 4-4-19　平成ビル 603	072-229-3900
とよなか若者サポートステーション	大阪府豊中市服部西町 4-13-1　豊中市立青年の家いぶき 3 階	06-6151-3017
北大阪若者サポートステーション	大阪府高槻市大畑町 12-1　プチプラザ摂津 B1 階	072-696-8060
枚方若者サポートステーション	大阪府枚方市岡東町 12-1　ひらかたサンプラザ 1 号館　3 階 305 号室	072-841-7225
南大阪地域若者サポートステーション	大阪府泉佐野市下瓦屋 222-1　泉佐野市立北部市民交流センター本館 2 階	072-464-0002
南河内若者サポートステーション	大阪府富田林市常磐町 3-17　リベルテタナカ501 号室	0721-26-9441

東大阪若者サポートステーション	大阪府東大阪市高井田元町2-4-6　岸田興産ビル2階	06-6787-2008
こうべ若者サポートステーション	兵庫県神戸市中央区雲井通5-1-2　神戸市青少年会館5階	078-232-1530
ひめじ若者サポートステーション	兵庫県姫路市二階町79　レウルーラ姫路二階町4階	079-222-9151
あかし若者サポートステーション	兵庫県明石市本町1-28　明石中村ビル8階	078-939-3217
西宮若者サポートステーション	兵庫県西宮市松原町2-37　西宮市立勤労会館1階	0798-31-5951
若者サポートステーション豊岡	兵庫県豊岡市幸町9-27	0796-34-6333
宝塚地域若者サポートステーション	兵庫県宝塚市栄町1-1-9　アールグラン宝塚2階	0797-69-6305
さんだ若者サポートステーション	兵庫県三田市天神1-5-33　三田市商工会館1館	079-565-9300
奈良若者サポートステーション	奈良県奈良市登大路町38-1	0742-22-5121
若者サポートステーションやまと	奈良県桜井市桜井1259　エルト桜井2階	0744-44-2055
若者サポートステーションわかやま	和歌山県和歌山市本町2-40　聖・ソレイユビル4階	073-427-3500
若者サポートステーションきのかわ	和歌山県橋本市市脇1-1-6　JA橋本支店ビル2階	0736-33-2900
南紀若者サポートステーション	和歌山県田辺市高雄1-23-1　田辺市民総合センター北館	0739-25-2111
串本サテライト	和歌山県東牟婁郡串本町姫27　養春小学校2階5・6年生教室	0735-67-7172
とっとり若者サポートステーション	鳥取県鳥取市扇町7　鳥取フコク生命駅前ビル1階	0857-21-4140
よなご若者サポートステーション	鳥取県米子市末広町311　イオン米子駅前店4階	0859-21-8766
しまね東部若者サポートステーション	島根県松江市朝日町498　松江センタービル5階	0852-33-7710
しまね西部若者サポートステーション	島根県浜田市野原町1826番地1　いわみーる1階	0855-22-6830
おかやま地域若者サポートステーション	岡山県岡山市北区本町6-30　第一セントラルビル2号館5階	086-224-3038

くらしき地域若者サポートステーション	岡山県倉敷市阿知 3-20-29　元町ビル 2 階	086-430-5602
広島地域若者サポートステーション	広島県広島市中区基町 12-8　宝ビル 7 階	082-511-2029
ひろしま北部若者サポートステーション	広島県広島市安佐北区可部南 5-13-21	082-516-6557
ふくやま地域若者サポートステーション	広島県福山市西町 1-1-1　エフピコ RiM7 階 ものづくり交流館内	084-959-2348
しものせき若者サポートステーション	山口県下関市大和町 1-2-8　山口県貿易ビル 100号	083-261-6000
うべ若者サポートステーション	山口県宇部市新天町 1-3-5	0836-36-6666
ほうふ若者サポートステーション	山口県防府市栄町 1-1-17	0835-28-3808
しゅうなん若者サポートステーション	山口県周南市栄町 2-55	0834-27-6270
とくしま地域若者サポートステーション	徳島県徳島市寺島本町西 1-7-1　日通朝日徳島ビル 1 階	088-602-0553
あわ地域若者サポートステーション	徳島県阿波市吉野町西条字大内 18-1　吉野中央公民館 2 階	088-637-7553
かがわ若者サポートステーション	香川県高松市花ノ宮町 3-2-2　山田ビル 1 階	087-813-6077
さぬき若者サポートステーション	香川県丸亀市富屋町 2　MRN ビル 2 階	0877-58-1080
えひめ若者サポートステーション	愛媛県松山市湊町 5-1-1　いよてつ高島屋南館 3 階	089-948-2832
東予若者サポートステーション	愛媛県新居浜市繁本町 8-65　新居浜市市民文化センター 2 階	0897-32-2181
こうち若者サポートステーション	高知県高知市 朝倉戊 375-1　高知県立ふくし交流プラザ 4 階	088-844-3411
高知黒潮若者サポートステーション	高知県南国市駅前町 2-4-72	088-863-5078
北九州若者サポートステーション	福岡県北九州市小倉北区浅野 3-8-1　AIM2 階	093-512-1871
福岡若者サポートステーション	福岡県福岡市中央区天神 1-4-2　エルガーラオフィス 11 階・12 階	092-739-3405
サテライト福岡	福岡県福岡市中央区舞鶴 2-5-1　あいれふ 3 階	092-739-3405

筑後若者サポートステーション	福岡県久留米市諏訪野町 2363-9　サンライフ久留米 2 階	0942-30-0087
筑豊若者サポートステーション	福岡県飯塚市吉原町 6 番 1 号　あいタウン 3 階	0948-26-6711
さが若者サポートステーション	佐賀県佐賀市白山 2-2-7　KITAJIMA ビル 1 階	0952-28-4323
たけお若者サポートステーション	佐賀県武雄市武雄町大字昭和 3-6　昭和ビル 1 階	0954-28-9130
長崎若者サポートステーション	長崎県長崎市大黒町 3-1　長崎交通産業ビル 5 階	095-823-8248
若者サポートステーション佐世保	長崎県佐世保市常盤町 1-7　ジブラルタ生命佐世保ビル 3 階	0956-22-5090
五島若者サポートステーション	長崎県五島市三尾野 1-7-1　五島福江総合福祉保健センター	0959-74-0235
くまもと若者サポートステーション	熊本県東区栄町 2-15　県営健軍団地 1 階	096-365-0117
ひとよしくま若者サポートステーション	熊本県人吉市願成寺町 420-1	0966-22-2770
たまな若者サポートステーション	熊本県玉名市中 48-4	0968-74-0007
おおいた地域若者サポートステーション	大分県大分市東春日町 17-19　ソフトパーク第一ソフィアプラザビル 4 階　おおいた青少年総合相談所内	097-533-2622
おおいた県南地域若者サポートステーション	大分県佐伯市 内町 8-4　菊池ビル 1 階	0972-28-6117
みやざき若者サポートステーション	宮崎県宮崎市別府町 4-19　宮崎総合学院本部内 3 階	0985-25-4345
みやざき県南若者サポートステーション	宮崎県都城市東町 4-30	0986-36-6510
サテライト延岡	宮崎県延岡市土々呂町 4-4390-1　延岡市職業訓練支援センター 1 階	0982-37-1190
かごしま若者サポートステーション	鹿児島県鹿児島市下荒田 3-10-16　プレジデントみずほ 1 階	099-297-6431
大隅若者サポートステーション	鹿児島県鹿屋市札元 1-22-11	0994-45-5535
霧島若者サポートステーション	鹿児島県霧島市国分中央 3-33-34　大山ビル 1 階	0995-73-7866

参考資料　*149*

地域若者サポートステーション琉球	沖縄県浦添市 経塚 745-7　経塚駅前医療モール3 階	098-917-2086
地域若者サポートステーションなご	沖縄県名護市城 2-12-3　渡具知ペイントビル 102 号	0980-54-8600
地域若者サポートステーション沖縄	沖縄県沖縄市中央 2-28-1　コリンザ 3 階	098-989-4224

(2)　自己理解支援の参考

　上記就職支援機関で、自己理解の参考となる職業適性検査・職業興味検査等を無料で受けられますが、その他学校等で活用できるツールとして以下のようなものが挙げられます。

・OHBY カード （http://www.jil.go.jp/institute/seika/ohby/index.html）

　「OHBY カード」は、職業カードソート技法（＊）を行うために開発されたカード式職業情報ツールです。430 職種の職業情報を、写真・イラスト・チャート・動画などで紹介する「職業ハンドブック OHBY」の内容を 48 枚のカードにまとめてあります。このカードを使って作業を行う中で、自分の興味や関心を知り、同時に、知っておくべき職業情報も得ることができます。

（＊）職業カードソート技法とは、アメリカを中心に海外では広く知られているキャリアガイダンス手法の 1 つです。カードを分類したり、並べ替えたりといった作業をすることで、自分の職業興味や職業に対する価値観を知り、関心のある職業やこれまで知らなかった職業について理解を深めることができる手法です。

・VRT カード （http://www.jil.go.jp/institute/seika/vrtcard/index.html）

　VRT カードは、心理検査「職業レディネス・テスト」の職業興味と職務遂行の自信度に関する項目を 1 枚ずつのカードに印刷した、親しみやすく、扱いやすいキャリアガイダンスツールです。54 枚のカードに書かれている仕事内容への興味や、その仕事を行うことについての自信を判断していくことで、興味の方向や自信の程度が簡単にわかります。

・キャリアシュミレーションプログラム

（http://www.jil.go.jp/institute/seika/csp/index.html）

　キャリアシミュレーションプログラムは、就業経験のない（あるいは浅い）大学生等や若年者向けに開発された、就職後の職業生活のイメージ（就業イメージ）を伝えるためのグループワーク型の授業／セミナー用教材です。大学生の場合、主として 2 ～ 3 年生を対象とした集団実施を想定して開発されました。就職後の長期的な職業生活のイメージを獲得するだけでなく、社会生活で直面しやすい困難場面への関心を高め、その対処策につい

てグループワークを通じて考えを深めることができます。

　その他「バリューカード」「はたかちカード」「リアセックカードソート」などの民間企業が開発した職業カードソートも販売されていますし、人生すごろく「金の糸」などのグループワーク用ツールも販売されています。

　その他に以下のような参考文献も参考になると思います。

- 渡部昌平「第3章　質的キャリア・アセスメントとその応用」渡部昌平編『社会構成主義キャリア・カウンセリングの理論と実践』福村出版、2015
- 安達智子・下村英雄編著「キャリア・コンストラクションワークブック」金子書房、2013
- N・E・アムンドソン、G・R・ポーネル「キャリア・パスウェイ」ナカニシヤ出版、2005

(3)　仕事理解支援の参考

以下のような参考文献があります。

- 職業レファレンスブック（http://www.jil.go.jp/institute/seika/reference/index.html）
　主要1,000職業について、それぞれ約400字でコンパクトに解説した職業解説書で、職業理解のための基礎資料として利用できます。
- 大泉書店編集部「10代のための仕事図鑑」大泉書店、2017
- 給料BANK「女子の給料＆職業図鑑」宝島社、2017
- 進路情報研究会「中学生・高校生の仕事ガイド」桐書房、2016
- DECO「ローカル仕事図鑑－新天地のハローワーク」技術評論社、2016
- 給料BANK「日本の給料＆職業図鑑」宝島社、2016
- 『楽しくわかる職人図鑑』制作委員会「楽しくわかる職人図鑑」日本能率協会マネジメントセンター、2015
- PHP研究所「夢をかなえる職業ガイド」PHP研究所、2015
- 村上龍「新13歳のハローワーク」幻冬舎、2013
- 池上彰「新版やりたい仕事がある」小学館、2010
- 坂本光司「日本でいちばん大切にしたい会社1〜5」あさ出版、2008〜2016
- 坂本光司監修「小さくても大きな日本の会社力1〜9」同友館、2010〜2013

(4)　コミュニケーション能力の形成支援について

各種グループワークが掲載された以下のような参考文献があります。

- 星野欣生「人間関係づくりトレーニング」金子書房、2003
- 星野欣生「職場の人間関係づくりトレーニング」金子書房、2007
- 甲斐崎博史「学級ゲーム＆アクティビティ100」ナツメ社、2013
- 津村俊充「プロセスエデュケーション」金子書房、2012

参考資料　151

- 坂野公信監修「学校グループワークトレーニング」遊戯社、1989
- 坂野公信監修「協力すれば何かが変わる」遊戯社、1994
- 日本学校 GWT 研究会編著「学校グループワーク・トレーニング 3」遊戯社、2003
- 國分康孝・國分久子総編集「構成的グループエンカウンター事典」図書文化、2004

⑸　創業支援について

必ずしも「創業」のイメージに合っていないかもしれませんが、最近では「アントレプレナー」「月間事業構想」という雑誌も出ています。また業種別に「月間食堂」や「飲食店経営」「喫茶店経営」などの雑誌もあります。他に以下のような参考文献があります。

- 波多野卓治「「ひとり会社」の起こし方・育て方」ぱる出版、2017
- 田所雅之「起業の科学　スタートアップサイエンス」日経 BP 社、2017
- 三原淳「それでも 1 人の営業マンが起業を成功させたわけ」太陽出版、2017
- 稲垣篤子「一坪の奇跡」ダイヤモンド社、2010

　　創業を支援する公的機関は、都道府県レベルで創業支援センター（あるいは商工会議所等への委託）が存在するようです。まずは都道府県庁の創業支援担当部署にお問い合わせいただくのが良いと思います。

⑸　学校生活・社会人生活でやる気・積極性を上げるために

参考となる文献・資料

- ケリー・マクゴニガル「スタンフォードのストレスを力に変える教科書」大和書房、2015
- ジェイン・マクゴニガル「スーパーベターになろう！」早川書房、2015
- ケリー・マクゴニガル「スタンフォードの自分を変える教室」だいわ文庫、2015
- タル・ベン・シャハー「ハーバードの人生を変える授業」だいわ文庫、2015
- ジョン・C・マクスウェル「失敗しないとわかっていたら、どんなことをしてみたい？」ダイヤモンド社、2014
- 武田双雲「ポジティブの教科書」主婦の友社、2013
- 日経エンタテイメント！編「"好き"を仕事にするための 77 の極意」日経 BP 社、2012
- 長谷部葉子「今、ここを真剣に生きていますか？」講談社、2012
- ティナ・シーリグ「20 歳のときに知っておきたかったこと」CCC メディアハウス、2010
- シーナ・アイエンガー「選択の科学」文藝春秋、2010

(6) 現在の労働市場について

参考となる文献・資料

・一般職業紹介状況（業務統計）HP：http://www.mhlw.go.jp/toukei/list/114-1.html
・新規学卒者の離職状況 HP：
　http://www.mhlw.go.jp/stf/seisakunitsuite/bunya/0000137940.html
・各都道府県（ハローワーク）の労働市場：※各都道府県労働局 HP を参考に参考となる
　ホームページ
・総務省統計局・統計研修所 HP：http://www.stat.go.jp/training/

(7) キャリア・コンサルティングについて

参考となる文献

・渡部昌平編「実践家のためのナラティブ／社会構成主義キャリア・カウンセリング」福
　村出版、2017
・エドガー・H・シャイン「シャイン博士が語るキャリア・カウンセリングの進め方」白桃
　書房、2017
・ラリー・コクラン「ナラティブ・キャリアカウンセリング」生産性出版、2016
・労働政策研究・研修機構「新時代のキャリアコンサルティング」労働政策研究・研修機
　構、2016
・渡部昌平「はじめてのナラティブ／社会構成主義キャリア・カウンセリング」川島書店、
　2016
・木村周「キャリアコンサルティング理論と実際　4訂版」雇用問題研究会、2016
・マーク・L・サビカス「サビカス　キャリア・カウンセリング理論」福村出版、2015
・渡部昌平編「社会構成主義キャリア・カウンセリングの理論と実践」福村出版、2015
　参考となるホームページ
・厚生労働省 HP：
　http://www.mhlw.go.jp/stf/seisakunitsuite/bunya/koyou_roudou/jinzaikaihatsu/ca-
　reer_consulting.html
・キャリアコンサルティング協議会 HP：https://www.career-cc.org/

改訂　あとがき

　まえがきにも書きましたが、本書はもと労働関係者である筆者による執筆です。教育分野においても、（財）日本進路指導協会、全国高等学校進路指導協議会、日本キャリア教育学会、日本教育カウンセラー協会その他、いろいろな団体が自発的に学校教育における進路指導の支援を行っていることを知っています（また、現場の先生による文献もいろいろと出版されています）。例えば、日本教育カウンセラー協会の出版物・セミナー等を見ると、積極的に生徒に関与する方法が具体的に述べられており、私も（読み・参加しましたが）感心いたしました。

　また、担当者の方がそれぞれ集まったり、グループをつくり、またはそれぞれ個別の連携により努力されていることも知っています。

　アメリカの心理学者グラッサー（Glasser）は、「教師は自分自身のことを労働者として捉えている場合が多いが、実際に教師と生徒との関係を見ると教師は経営者に近い。教師が自分自身を経営者と、生徒を労働者と見なして、よい経営をするために『経営者に何ができるか』を時間をつぶして考える必要がある」というようなことを述べています。生徒を「労働者」と見ることに嫌悪感を感じる先生や担当者の方もいらっしゃるかと思いますが、「企業」を「すべての人の生活の場」と考えていただければ、ある程度ご理解が得られるのではないかと思います。

　また、グラッサーは「協同学習チーム」というものも提案しています。特に高校では教科学習の中で「協同学習チーム」をすぐに導入するのは困難かもしれませんが、職業教育・就職指導の中で「チーム制」を導入して、「所属意識を高める」「情報・知識の多い者が少ない者を助ける」といった活動が見られれば、学級経営の中でもよい効果が得られるかもしれません。

　本書が教育関係者の方からは「ピントはずれ」に見えるかもしれませんが、本書の趣旨を「労働現場から教育現場へのエール、情報・意見提供」と理解していただければと思います。

本文でも一部書きましたが、学校満足度が就職によい影響を与えるという研究があります。学校を消極的な居場所としか考えない生徒・学生の多い学校は、やはり就職率も悪い、という指摘があります。学校自体の居心地をよくするというのは、直接的な就職問題の解決方法ではないかもしれませんが、是非取り組んでいただきたい課題です。

最近の青少年は傷つきやすく、また傷つきたくないために友人同士であっても本音で語らず、つながりが無いと言われます。未来への夢が無いと言われ、刹那的に生きると言われます。自信がなく、立ちすくむのだと言われます。大人とのつきあいが無いと言われます。進路指導の先生や就職担当者の皆様が、熱い気持ちで大人の想いを、大人の仕事ぶりを伝えてあげてください。

また、是非労働行政にもお手伝いをさせてください。関係者や地域とのネットワークづくりを検討してみてください。「家庭で仕事（将来）について話す」という宿題を出すのもよいかもしれません。積極的に保護者の方を巻き込むのもよいかもしれません。企業や地域社会を巻き込むのも、よいことだと思います。

本書が皆様の活動の一助となることを期待しています。また、皆様のさらなるご活躍をお祈りいたします。

2017 年 12 月

著　者

■著者略歴

渡部　昌平　（わたなべ　しょうへい）

1971 年　北海道生まれ
1996 年　明星大学大学院修了、修士（心理学）
1996 年　労働省（当時）入省
2002 年　在韓国日本大使館
2005 年　ハローワーク飯田橋　雇用開発部長
等を経て、
2011 年より秋田県立大学　准教授

専門分野　キャリアカウンセリング、キャリア教育

高校・大学等における進路指導・
就職支援マニュアル　改訂版

2006 年 4 月 25 日　初　版第 1 刷発行
2018 年 3 月 30 日　改訂版第 1 刷発行

■著　　　者──渡部昌平
■発 行 者──佐藤　守
■発 行 所──株式会社 **大学教育出版**
　　　　　　　〒 700-0953 岡山市南区西市 855-4
　　　　　　　電話（086）244-1268　FAX（086）246-0294
■印刷製本──モリモト印刷㈱
■装　　　丁──原　美穂

© Shouhei WATANABE 2006, Printed in Japan
検印省略　　落丁・乱丁本はお取り替えいたします。
無断で本書の一部または全部を複写・複製することは禁じられています。
ISBN4-978-4-86429-514-7